서울대 교수와 함께하는
10대를 위한 교양 수업

3 조성준 교수님이 들려주는 빅데이터 이야기

글 조성준, 이선영 | 그림 신병근

기획의 글

 단 한 번의 특별한 지식 여행

'서울대 교수와 함께하는 10대를 위한 교양 수업'은 배움의 뜻을 품고 자신의 길을 찾아 떠나는 10대를 위한 지식 교양 도서입니다.

꿈을 찾고, 꿈을 키우고, 꿈을 이루는 것은 저절로 되지 않습니다. 내가 무엇을 좋아하는지, 내가 어떨 때 행복한지, 내가 무엇을 하고 싶은지 깊이 생각하고 깨닫는 경험이 필요합니다. '서울대 교수와 함께하는 10대를 위한 교양 수업'은 그 깨달음의 기회를 전하고자 기획되었습니다.

이 시대 최고의 멘토가 함께합니다.

'서울대 교수와 함께하는 10대를 위한 교양 수업'은 단순한 지식 교양 도서가 아닙니다. 자신의 관심과 재능을 되돌아보고 보다 구체적인 꿈을 그리도록 안내합니다. 더 넓은 세상, 더 큰 배움의 세계로 나아가기 위해 꼭 필요한 지식과 가르침을 전할 최고의 멘토, 서울대 교수님들이 함께합니다.

지식이 꿈으로 이어집니다.

알면 보인다는 말처럼 새롭게 알게 된 것에서 꿈을 찾을 수 있습니다. 어떤 친구는 평소에 관심 있던 분야에서, 또 어떤 친구는 전혀 관심 없던 분야에서 자신의 꿈을 마주할 것입니다. 지금 관심이 집중되는 몇몇 분야의 지식만이 아니라, 인류가 오랜 세월 축적해 온 문화와 역사에 대한 방대한 지식들은 여전히 배우고 연구할 가치가 있습니다. '서울대 교수와 함께하는 10대를 위한 교양 수업'은 폭넓은 시선으로 살아 있는 지식을 전합니다.

배움은 그 자체로 즐거운 일입니다. 일찌감치 꿈을 정하고 키워 가는 친구, 이제 막 꿈을 꾸기 시작한 친구 그리고 아직 어떤 꿈도 정하지 못한 친구도 괜찮습니다. '서울대 교수와 함께하는 10대를 위한 교양 수업'이 안내할 지식 여행을 통해 여러분의 꿈에 조금씩 다가가길 바랍니다.

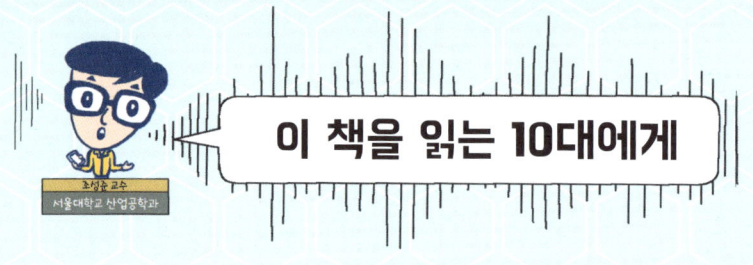

이 책을 읽는 10대에게

안녕하세요? 서울대학교 공과대학 산업공학과 조성준 교수입니다. 지금 이 글을 읽고 있는 여러분은 아마 평소에 첨단 인공 지능이나 빅데이터에 관심이 많은 친구들일 거라고 생각해요.

저는 학창 시절에 사람처럼 똑똑한 컴퓨터인 인공 지능을 처음 접한 후, 정말 멋진 기술이라는 생각에 모든 관심이 그곳으로 향했어요. 그 뒤 대학원에서 박사까지 공부하고, 졸업 후에는 교수가 되어 수십 년째 이 분야에서 다양한 연구를 하고 있답니다.

빅데이터, 데이터 마이닝, 머신 러닝……. 이런 것들은 정말 재미있고 가슴 뛰는 주제예요. 특히 저는 인공 지능의 한 분야인 머신 러닝을 공부하면서 자연스레 데이터에 관심을 가지게 되었어요. 컴퓨터에 데이터를 줘서 학습하게 하고, 자동으로 새 지식을 얻어 내는 방법인 머신 러닝에서 데이터는 빼놓을 수 없는 요소였으니까요. 그 덕분에 이 책도 쓰게 되었죠.

처음 인공 지능을 공부할 때만 해도 금방이라도 인공 지능의 시대가 올 거라고 생각했어요. 하지만 여러 한계에 부딪히면서 인공 지능 연구에 겨울이 두 번이나 닥쳐왔답니다. 그래서 내가 살아 있는 동안 과연 인공 지능이 제대로 실현될 수 있을까 의문을 가진 적도 있었어요. 하지만 빅데이터와 인공 지능은 이미 우리 일상에 와 있습니다.

 데이터를 수집하고 관리하고 분석하는 일은 컴퓨터공학, 산업공학, 통계학 전공자인 데이터 사이언티스트들이 합니다. 하지만 어떤 데이터를 어떻게 분석해서, 그 결과를 어디에 어떻게 활용할지는 다양한 일을 하는 모든 분야의 사람들이 결정해야 합니다. 이제는 꼭 데이터 사이언티스트가 되기 위해서가 아니라, 무슨 공부를 하든 어떤 직업을 갖든 빅데이터와 인공 지능을 공부해야 하는 시대가 되었어요. 영어를 모든 학생이 배우는 것과 같아요. 100년 전 백성들은 글을 배워야 할지 고민했고, 30년 전 사람들은 컴퓨터를 배워야 할지 고민했지만, 결국은 다 배워야 했어요. 마찬가지로 빅데이터와 인공 지능도 모두가 다 배워야 하는 것들이고, 다만 각자 언제 배우느냐만 다르겠죠.

 저는 여러분들이 이 책을 통해서 또래 중에 가장 앞서 나가는 기회를 얻었으면 좋겠어요. 여러분들의 미래에 많은 행운이 깃들기를 바랍니다.

조성준(서울대학교 공과대학 산업공학과 교수)

차례

기획의 글·····4

이 책을 읽는 10대에게·····6

1장 데이터 사이언티스트란?·····14

- 데이터 사이언티스트의 등장
- 데이터 사이언티스트는 무슨 일을 할까?
- 빅데이터를 다루는 사람들
- Q&A

2장 빅데이터의 세 가지 특징······34

- 데이터의 양
- 데이터의 속도
- 데이터의 다양성
- Q&A

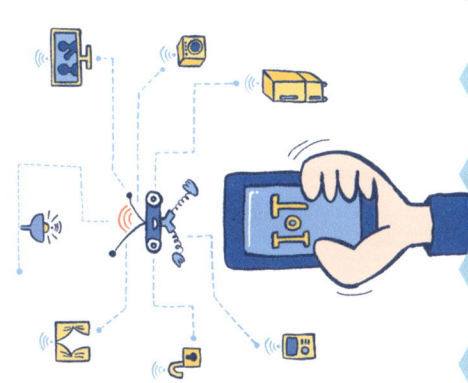

3장 다양한 모습의 빅데이터······52

- 인간관계까지 볼 수 있는 숫자 데이터
- 의미가 담겨 있는 텍스트 데이터
- 사진, 동영상을 포함한 이미지 데이터
- Q&A

4장 빅데이터를 어떻게 분석할까? ····· 70

- 한눈에 알아볼 수 있게
- 연관성 찾기와 비슷한 것끼리 묶기
- 분류하기와 예측하기
- 이상한 점 찾아내기
- Q&A

5장 데이터 사이언티스트는 인공 지능을 어떻게 다룰까? ····· 90

- 인공 지능과 빅데이터
- 인공 지능은 어떻게 만들어질까?
- 인공 지능의 학습 방법, 머신 러닝
- 이미지를 분석하는 인공 지능
- 텍스트를 분석하는 인공 지능
- Q&A

6장 빅데이터로 만드는 가치 · · · · · 118

- 만족스러운 제품 설계
- 생산의 최적화
- 정확한 품질 예측
- 성공적인 마케팅
- 새로운 서비스 개발
- 한발 앞선 미래 예측
- Q&A

데이터 사이언티스트
조성준

인공 지능을 시작으로 최근에는 데이터 마이닝과 딥 러닝을 연구하고 있는 데이터 사이언티스트다. 빅데이터를 통해 세상을 혁신하는 방법을 궁리하느라 늘 바쁘다.

나래

4차원 매력을 가진 엉뚱한 꼬마 과학자. 친구처럼 매일 대화할 수 있는 인공 지능 로봇을 만드는 게 꿈이다.

다음

공부보다 휴대폰으로 게임하는 것을 즐긴다. 의외로 사물의 작동 원리에 관심이 많다.

1장 데이터 사이언티스트란?

- 데이터 사이언티스트의 등장
- 데이터 사이언티스트는 무슨 일을 할까?
- 빅데이터를 다루는 사람들

데이터 사이언티스트의 등장

요새 우리는 '데이터'라는 말을 엄청 많이 해. 그런데 데이터가 정확히 무엇을 뜻하는 말일까? 휴대폰을 가진 친구들은 아침에 일어나면 휴대폰을 확인하면서 하루를 시작하지? 오늘이 무슨 요일인지, 지금 몇 시인지, 오늘 날씨는 어떨지 검색해. 학교가 끝나면 문자나 카톡 메시지를 확인하며 사람들과 소통하고. 심심하면 유튜브나 틱톡으로 흥미로운 동영상을 보거나 게임을 하기도 하지. 이렇게 우리가 휴대폰 또는 컴퓨터로 무언가 접속을 해서 흔적을 남기는 이 모든 게 다 '데이터'야. 데이터가 무슨 뜻인지 감이 와?

데이터라는 말의 뜻을 조금 딱딱하게 풀면 주로 '컴퓨터가 처리할 수 있는 문자, 숫자, 소리, 그림 따위의 형태로 된 정보'를 뜻해. 알고 보면 지금 우리는 거의 매 순간 데이터를 만들어 내고 있어. 지하철이나 버스를 타면 단말기를 통해 교통 카드에 출발 지점과 도착 지점이 기록돼. 학교에서 치르는 시험은 점수 데이터로 바뀌어 저장이 되고. 또 편의점에서 돈이나 카드를 내면 결제 시간과 금액 및 가맹점 코드 데이터가 편의점 컴퓨터에 기록이 된단다.

이뿐만이 아니야. 손가락이 부러지면 정형외과에 가서 엑스레이를 찍고, 의사를 만나 진단을 받아. 그리고 깁스를 한 다음, 약을 처방받잖아? 이런 순간순간에도 데이터가 생성된단다. 병원 컴퓨터에 내 엑스레이 사진이 추가되고, 병원 컴퓨터와 연결된 건강 보험 공단에 내가 진단받은 병명과 처방받은 약 데이터가 남거든.

  이처럼 오늘날에는 우리의 일상이 모두 데이터화되고 있다고 해도 지나치지 않아. 그러다 보니 엄청난 양의 데이터가 굉장히 빠른 속도로 쌓이고 있어. 이런 걸 바로 '빅데이터'라고 해. 크다는 빅(big)과 데이터가 합쳐진 말이야. 그러니까 데이터가 엄청 많고 엄청 크다는 뜻이겠지?

그런데 우리가 가늠하기조차 어려운 엄청난 양의 빅데이터로 뭘 할까? 사실 빅데이터 그 자체로는 가만히 두면 별다른 쓸모가 없는, 덩치 큰 데이터일 뿐이란다. 그럼 어떻게 해야 할까? '구슬이 서 말이라도 꿰어야 보배'라는 속담 들어 봤지? 빅데이터를 요리조리 잘 꿰면 새로

운 가치를 가진 쓸모 있는 데이터로 바뀌어. 그런데 빅데이터를 누가 가치 있는 데이터로 만드는 걸까?

바로 나, 데이터 사이언티스트야. 처음 들어 본 직업이라고? 그래, 데이터 사이언티스트가 아직은 좀 낯설고 생소한 직업이기는 해. 데이터가 주목받은 지도 그리 오래되지 않았으니까 당연한 일이야. 좀 쉽게 설명하면, 빅데이터는 요리 재료라고 할 수 있어. 이 재료를 맛있는 요리로 만들려면 실력이 뛰어난 요리사가 있어야 해.

> 빅데이터라는 재료를 요리하는 요리사가
> 바로 데이터 사이언티스트야.

같은 재료라고 해도 요리사가 어떻게 요리하느냐에 따라 요리의 맛이 크게 달라지잖아? 마찬가지로 데이터 사이언티스트가 빅데이터를 어떻게 분석하느냐에 따라 다양한 가치가 만들어진단다.

나는 대학원에서 컴퓨터 사이언스를 공부하면서 인공 지능을 처음 만났어. '인공 지능'에 대해서는 많이 들어 봤지? 내가 공부할 당시 인공 지능의 인기는 그야말로 최고였어. 금방이라도 인공 지능이 만들어질 분위기였거든.

그런데 막상 박사 과정을 졸업할 때가 되니까 인기가 시들해졌지 뭐야. 인공 지능이 학습할 데이터가 별로 없었던 데다 컴퓨터 속도가 너무 느려서 학습하는 데 시간이 너무너무 오래 걸렸거든.

하지만 지금은 상황이 달라졌어. 1990년대 초반에 등장한 인터넷이 1990년대 후반이 되면서 활발히 사용되기 시작했거든. 데이터 저장 기술도 획기적으로 발전한 덕분에 2000년대 들어서 엄청난 양의 데이터를 모을 수 있게 되었지.

여기에서 가장 중요한 사실은 컴퓨터의 계산 능력이 지속적으로 발전했다는 거야. 1990년대 컴퓨터의 계산 속도가 1이었다면 2010년대 중반에는 1,000이 되었어. 컴퓨터 계산 능력이 1,000배 빨라졌다는 건 16분 걸리던 계산이 1초 만에 가능해졌다는 뜻이야. 컴퓨터에 로그인하는 시간이 16분에서 1초로 줄어들었다는 거지.

어때, 정말 대단한 발전이지? 그 덕분에 이제는 인공 지능이 세상에 나와 빛을 발하고 있어.

나 같은 데이터 사이언티스트도 하나둘 등장해서 활발하게 일을 하고 있고.

데이터 사이언티스트는 무슨 일을 할까?

 그럼 나 같은 데이터 사이언티스트는 어떤 일을 하는 사람인지 본격적으로 알아볼까? 파스타를 파는 식당에서 일하는 요리사를 떠올려 봐. 요리사는 토마토와 면, 올리브유 같은 다양한 재료를 삶거나 볶아서 근사한 파스타를 만들어. 그러면 식당에 온 손님들은 맛있는 파스타를 먹고 행복을 느껴.

 마찬가지로 데이터 사이언티스트도 다양한 방법을 사용해 빅데이터를 분석해. 데이터 사이언티스트가 쓰는 방법, 즉 빅데이터를 분석하는 방법은 '애널리틱스'라고 하고, 분석의 결과물은 '인사이트'라고 해. 그리고 인사이트를 바탕으로 실행(액션)을 하면 데이터에서 가치를 발견할 수 있어.

정리해 보면 '빅데이터 = 요리 재료', '데이터 사이언티스트 = 요리사', '요리 방법 = 분석 방법', '요리 = 인사이트', '행복 = 가치'라고 보면 돼. 아래 그림을 보면 조금 더 쉽게 이해할 수 있을 거야.

그런데 빅데이터 분석의 결과물인 인사이트가 무슨 뜻일까? 영어를 잘 보면, 인사이트(insight)는 '안'이라는 뜻의 'in'과 '본다'는 뜻의 'sight'가 합쳐진 말이야. 안을 본다는 건 그 속에

어떤 뜻이 담겨 있는지 알아낸다는 뜻이야. 우리말로 통찰력이라고 해.

빅데이터에서 안을 들여다본다는 건 무슨 뜻일까? 여기서 '안'은 빅데이터에서 무엇을 보고 싶은지에 따라 달라져. 예를 들어 삼성전자에서 갤럭시탭을 파는 마케터는 무엇을 보고 싶을까? 아마 고객들이 어떤 태블릿을 사고 싶어 하는지 마음속을 들여다보고 싶을 거야. 또 고객이 갤럭시탭에 대해 어떻게 생각하는지, 왜 갤럭시탭 대신 아이패드를 사는지도 궁금하겠지. 이런 궁금증을 가진 마케터들이 고객들의 마음을 알아봐 달라고 나 같은 데이터 사이언티스트에게 의뢰를 하는 거야.

그러면 나는 여러 방법으로 SNS나 각종 게시판, 기사 같은 곳에서 빅데이터를 얻어. 그런 다음, 여러 가지 기법으로 분석해서 고객들이 어떤 제품을 '왜 사고 싶어 하는지' 또는 '어떤 이유 때문에 사고 싶지 않은지'를 알아내. 바로 이게 빅데이터를 요리한 결과물 즉 '인사이트'야. 이 인사이트를 통해 마케터는 소비자 마음을 알게 되고, 제품 개발자와 협력해 고객이 원하는 새로운 제품을 개발하거나 기존 제품의 문제점을 보완해 더 나은 제품을 출시할 거야.

만약 엘지전자에서 냉장고를 만드는 엔지니어라면 빅데이터를 통해서 무엇을 알아내고 싶을까? 엔지니어는 냉장고가 어떤 환경에서 고장이 잘 나는지, 냉장고를 얼마나 쓰면 부품이 낡아서 교체해야 하는지 궁금할 거야. 이런 것이 바로 인사이트가 돼. 엔지니어는 빅데이터에서 얻은 인사이트로 부품 교체 시기를 정확하게 예측하고 미리 서비스 센터에 부품을 준비시켜 놓을 수 있지.

그러니까 데이터 사이언티스트는 인사이트를 만들어 내기 위해 빅데이터를 여러 방식으로 분석하고, 빅데이터 분석을 의뢰한 사람들은 이런 인사이트를 통해 새로운 '가치'를 만들어 내. "빅데이터를 분석해 주세요." 하고 요청하는 의뢰인들은 주로 기업이나 공공 기관에서 일하는 사람들로, 엔지니어나 연구원, 마케터, 투자자, 인사를 담당하는 사람들이 대부분이야.

빅데이터를 다루는 사람들

데이터 사이언티스트만 빅데이터를 연구하나요?

많은 데이터를 혼자서 다루기는 힘들 것 같아요.

맞아. 데이터를 다루는 각각의 전문가들이 있어.

데이터 사이언티스트들은 데이터와 관련된 여러 분야의 사람들과 일해. 데이터를 분석하기 전에 어떤 데이터가 필요한지 판단한 뒤 관련 데이터를 외부나 내부에서 가져와서 모으고, 정리하고, 보관하고, 관리하는 사람이 필요한데, 이런 일을 하는 사람이 바로 '데이터 엔지니어'야.

데이터 엔지니어는 먼저 다양한 데이터 저장소에서 필요한 데이터를 최대한 수집해. 실시간으로 만들어지는 데이터를 직접 모으기도 하고, 저장된 데이터를 가져오기도 해. 필요한 데이터들을 차곡차곡 정리해 안전한 곳에 잘 보관해 두지. 그리고 잘 정리된 데이터를 데이터 사이언티스트가 필요로 할 때 탁탁 꺼내 주는 역할을 해. 그러니까 데이터 엔지니어는 음식 재료를 준비해 주는 사람이라고 할 수 있어. 농사를 짓는 농부나 물고기를 잡는 어부, 신선한 식재료를 요리사한테 전달해 주는 전문 배달원이라고 할 수 있지.

예전에는 데이터가 주로 숫자로 이루어져 있어서 엑셀로 정리하기가 쉬웠어. 하지만 이제는 그렇지 않아. 숫자, 이미지, 동영상 같은 다양한 종류의 데이터가 어마어마한 양으로 존재하기 때문에 기본적으로 이런 데이터를 다룰 수 있는 능력이 필

요해. 기본적으로 데이터를 다루는 엔지니어들은 컴퓨터를 잘 다룰 줄 알아야 하고, 그러기 위해서는 프로그래밍 같은 것들을 배워야 하지.

데이터를 모은 다음 무엇을 해야 할

까? 바로 이때부터 나 같은 데이터 사이언티스트가 본격적인 일을 하게 돼. 요리사가 요리 도구를 사용해 직접 요리를 하는 것처럼 데이터를 본격적으로 분석하는 거야. 데이터 엔지니어가 준비한 데이터를 정리 정돈하고 분석해서 가치 있는 인사이트를 만들지.

데이터 사이언티스트는 빅데이터를 분석하기 위해 데이터 마이닝, 머신 러닝 같은 다양한 분석 기법을 알아야 해. 이뿐만 아니라 관련 분야에 대한 풍부한 수학적, 통계학적 지식도 알아야 한단다. 그래야 분석하거나 해결하고자 하는 문제에 가장 적합한 모델을 선정하고, 나온 결과를 정확하게 파악할 수 있어.

게다가 방대한 양의 데이터를 빠르고 효율적으로 다루려면 프로그래밍 능력도 필요해. 이렇게 다양한 컴퓨터 공학 관련 지식이 많을수록 업무에 큰 도움이 된단다.

빅데이터 분야에는 새로운 분석 방법을 개발하는 직업도 있어. 요리사가 자신만의 레시피를 새롭게 개발하는 것과 비슷해. 우리 분야에서 이런 일을 하는 사람을 '데이터 리서처'라고 해. 데이터를 분석하는 새로운 알고리즘을 개발하는 사람이라고 할 수 있지. 알고리즘이라는 말이 좀 어려운데, 문제 해결 방법이라고 생각하면 쉬워.

데이터 리서처들은 최신 알고리즘들을 연구해서 새로운 알고리즘을 직접 만들어 내. 더 나아가 기업의 데이터와 목표에 맞춰 기존의 알고리즘을 변형하고 응용하기도 하지. 이들은 빅데이터 전문가들 가운데서도 더 전문 지식을 갖춘 사람이라고 할 수 있어. 그래서 기업에서 데이터 리서처를 뽑을 때는 최소 지원 자격 요건으로 박사 학위를 요구하기도 해. 데이터 사이언티스트는 데이터 엔지니어, 데이터 리서처와 힘을 합쳐 데이터에서 가치를 창출하는 일을 한단다.

미래 사회에서는 빅데이터가 점점 더 중요한 위치를 차지하게 될 거고, 그러면 관련 직업은 더욱 다양해지고 세분화될 거야.

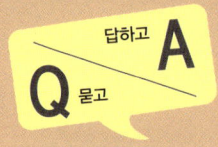

데이터 사이언티스트는 어떤 자질이 필요할까요?

데이터 사이언티스트나 데이터 엔지니어, 데이터 리서처 외에도 빅데이터를 다루는 직업은 점점 다양해지고 있어. 각 직업마다 갖추어야 할 전문 지식의 종류와 깊이는 다 다르지만, 수학, 통계학, 머신 러닝, 최적화, 코딩과 관련된 지식은 공통적으로 많은 도움이 된단다. 예전에는 대학교 석사 및 박사 과정에서 2~7년 가까이 연구에 전념해야 전문가가 될 수 있었지만 요즘에는 데이터를 분석할 수 있는 프로그램이 개발되어 최소한의 공부만 해도 데이터를 쉽게 분석할 수 있는 환경이 조성되었지.

따라서 데이터를 다루는 사람이 가져야 할 가장 중요한 자질은 무한한 자원인 빅데이터를 어떻게 바라볼 것인지 자신만의 시야를 기르는 거야. 그러려면 이과적인 지식뿐만 아니라 인문학적인 소양이 필요해. 데이터 사이언티스트는 데이터를 단순히 분석하는 것이 아니라, 그 속에 담겨 있는 사람에 대한 이해가 필수이기 때문이야. 그와 더불어 사람들과 회의를 하고, 데이터 분석 결과를 직접 발표하기도

하니까 활발한 의사소통 능력도 갖추고 있으면 좋겠지.

　앞으로 빅데이터 관련 직업은 꾸준히 증가할 거야. 그에 따라 빅데이터 전문가의 위상 역시 꾸준히 높아질 거고. 어때, 빅데이터 전문가에 한번 도전해 보지 않을래?

2장 빅데이터의 세 가지 특징

○ 데이터의 양
○ 데이터의 속도
○ 데이터의 다양성

데이터의 양

빅데이터의 특징을 흔히 '3V'라고 해. 이 3V가 뭘까?

제가 아는 V는 비디오 게임(Video Game) 밖에 없어요.

으악, 너무 어려워요!

데이터 사이언티스트가 분석하고 다루는 빅데이터에는 어떤 특징이 있을까? 보통 데이터의 특징을 3V라고 하는데, 데이터는 양이 많고(Volume), 생성 속도가 빠르고(Velocity), 종류가 다양하다(Variety)는 뜻이야.

빅데이터의 세 가지 특징 가운데 먼저 '데이터의 양'에 대해 자세히 알아보자. 지금 이 순간에도 전 세계 사람들이 동시에 인스타그램이나 트위터, 페이스북처럼 흔히 SNS(Social Network Service)라고 하는 온라인 서비스와 틱톡이나 유튜브 같은 동영상 공유 서비스에 글과 사진, 동영상을 올리고 있어. 그런데 혹시 이런 SNS에 올라오는 데이터의 양이 얼마나 될지 생각해 본 적 있니?

유튜브에서 동영상은 1분에 500시간씩 업로드되고 있어. 하루에 올라오는 동영상을 다 보려면 무려 82년이나 걸린대. 그러니 정말 그 양이 엄청나겠지?

또 개인들이 갖고 있는 스마트폰도 빅데이터 생성기라고 할 수 있어. 스마트폰을 켜는 순간 이 기기는 전 지구 위치 파악 시스템 즉 지피에스(GPS)에 접속해 사용자의 위치를 실시간으로 파악해. 사람들은 인터넷에 접속해 검색 기록을 남기고, 사진을 클라우드라는 저장 공간에 업로드하지. 이런 게 다 데이터야. 이처럼 데이터는 날마다 우리가 감당하기 힘들 정도의 양으로 쌓여.

그럼 일상적인 데이터가 가장 많이 생성되는 곳은 어디일까? 일상적인 데이터라고 하면 우리 자신에 관한 기본적인 데이터, 어디서 태어나고 부모님이 누구고 어디 살고 등에 관한 데이터야. 이런 데이터들은 어디에 모여 있을까? 바로 정부와 공공 기관이야. 공공 기관에는 전 국민의 데이터가 보관되어 있어. 누구든 태어나 출생 신고를 하는 순간부터 자신과 관련된 모든 것이 데이터로 만들어져. 국가는 이런 데이터를 바탕으로 신생아 양육 지원금을 주거나 의료 보험 같은 제도로 국민을 보호하고, 만 6세가 되면 초등학교 입학 통지서도 보내. 이사를 가도 주민 센터에 하는 전입 신고를 통해 모두 기록되고, 결혼을 하거나 아이를 낳아도 모두 기록이 만들어지니까.

최근 빅데이터를 많이 생성해 내는 곳이 또 생겼는데, 그게 뭘까? 혹시 들어 봤는지 모르겠는데 사물 인터넷이야. 사물 인터넷 또는 흔히 IoT(Internet of Things)라고 하는데, 사물에 센서를 붙여서 실시간으로 데이터를 인터넷으로 주고받는 기술이나 환경을 말해. 말은 좀 어렵지만, 요새 주위에서 흔히 볼 수 있어. 겨울에 아무도 없는 집에 들어오면 너무 춥잖아. 그런데 보일러를 인터넷에 연결해 두면 집에 들어오기 전에 휴대폰으로 보일러를 작동시켜서 미리 집을 따뜻하게 할 수 있어. 바로 이런 게

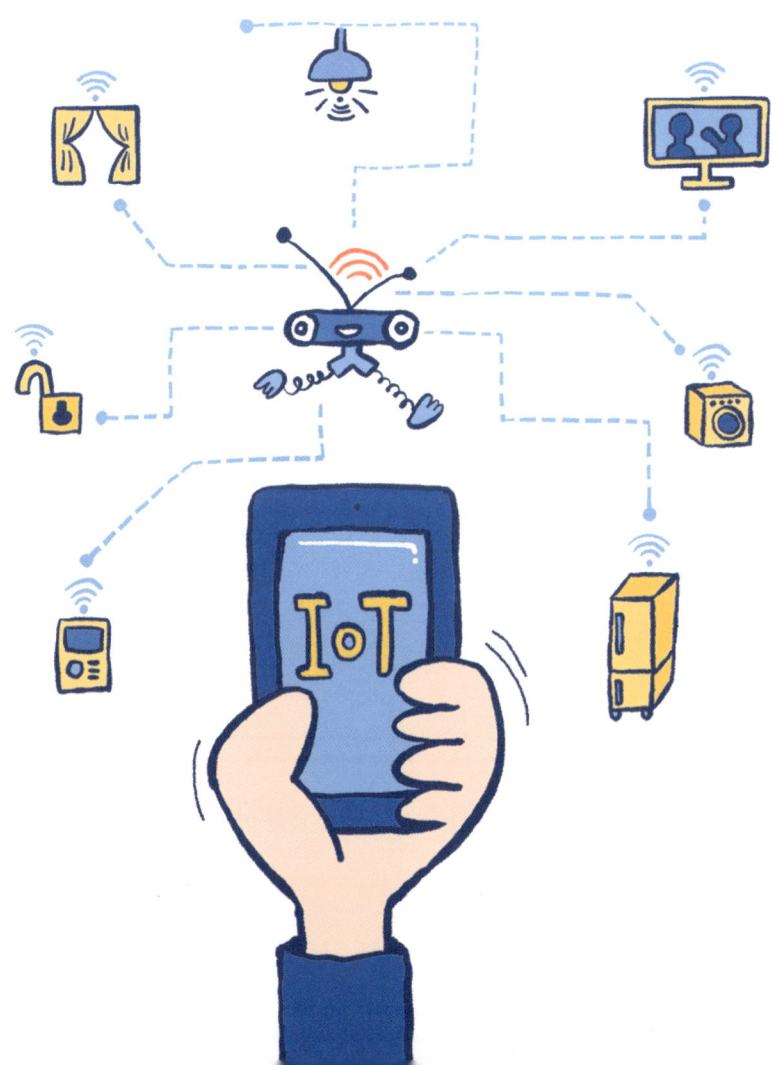

사물 인터넷이야.

 예전에는 몇 가지 사물만 가능했는데 지금은 세탁기며 냉장고뿐만 아니라 벽에 있는 커튼까지 모두 인터넷으로 연결할 수 있어. 이제는 사물에 '센서'만 부착하면 이들이 인터넷으로 연결되는 거지. 센서는 주변의 온도나 습도, 진동, 속도 등 물리적인 변화를 알려 주는 장치야. 온도 센서, 습도 센서, 진동 센서, 가속도 센서, 위치 센서 등 우리 주변에는 수많은 센서가 있어. 이런 센서들로부터 모인 데이터들이 유무선 인터넷으로 연결되어 여러 저장 장치에 모여.

 고속도로에는 속도 위반 감시 카메라의 가속도 센서가 지나가는 자동차의 속도를 재서 속도 위반 차량의 데이터를 생성하고, 농장에서는 밭의 온도와 습도를 측정하는 센서 등이 데이터를 생성하지. 생산 공장에서는 수만 개의 센서가 데이터를 생성해. 이들 센서는 온도, 가스 농도, 압력, 전압 값들을 실시간으로 측정해서 데이터로 만들고 있어. 그러니 지금 이 순간에도 다양한 분야에서 수많은 종류의 데이터가 쌓이고 있는 거지. 예전에는 사람이 직접 데이터를 모았지만, 지금은 기계가 자동으로 데이터를 모아 주니 그 양이 정말 어마어마하겠지?

그런데 데이터가 얼마나 커야 빅데이터라고 할까?

100기가바이트, 1,000기가바이트?

　빅데이터는 테라바이트 이상의 데이터를 가리켜. 종종 메가바이트, 기가바이트라는 말 들어 본 적 있지? 휴대폰에서 데이터 사용량을 나타낼 때 많이 쓰잖아. 디지털로 데이터를 저장하는 단위인 '바이트'라는 말에 단위의 크기를 표시하는 말을 앞에 붙인 거야. 많이 쓰는 데이터 단위는 킬로바이트(KB), 메가바이트(MB), 기가바이트(GB), 테라바이트(TB)로, 각 단계별로 1024배씩 늘어. 테라바이트 다음에는 페타바이트(PB), 엑사바이트(EB), 제타바이트(ZB), 요타바이트(YB)도 존재해.

　이런 데이터의 양은 도대체 얼마쯤인지 상상이 되니? 페타바이트가 해운대 백사장에 있는 모래의 양이라고 하면, 요타바이트는 미국 전체를 90미터 높이로 덮을 정도의 모래의 양이라고

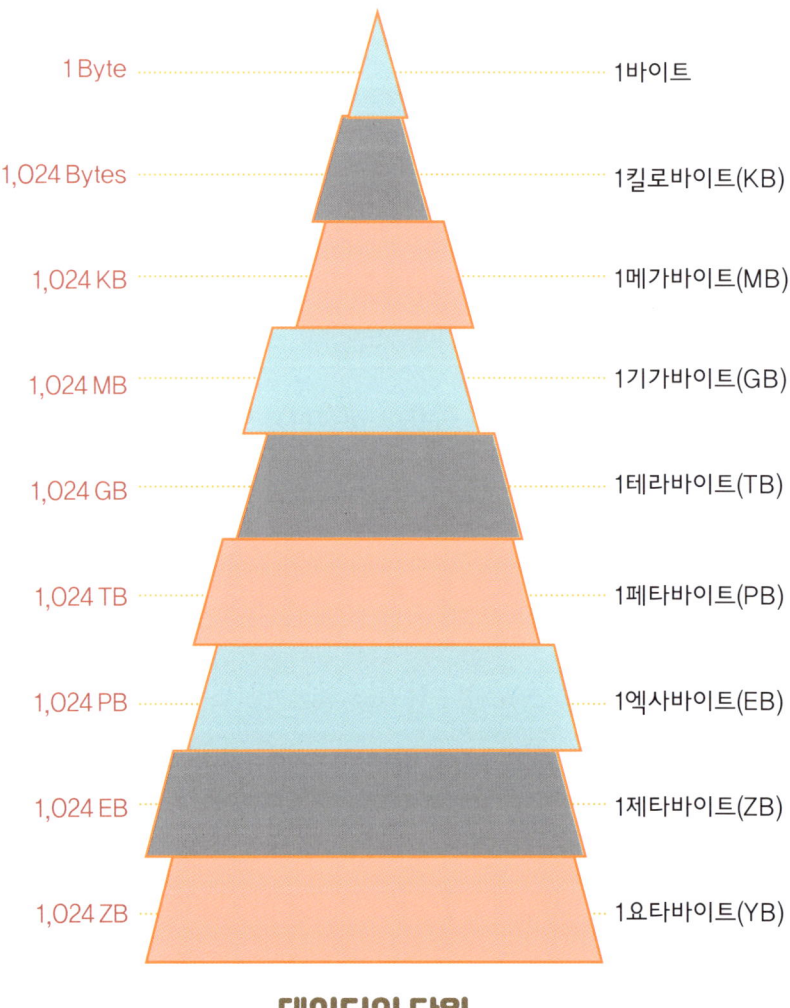

데이터의 단위

해. 정말 어마어마하지?

　10년 전 빅데이터와 오늘날의 빅데이터는 절대적인 용량에서 차이가 나. 물론 10년 뒤에는 지금보다 100배, 아니 1,000배 더 많은 데이터가 생성되겠지? 1990년대 초까지만 해도 테라바이트라는 말은 아주 낯설었어. 하지만 지금은 보통 사람들이 쓰는 저장 장치에 대중적으로 쓰이고 있단다.

　앞으로 빅데이터의 양이 요타바이트 단위 이상이 된다고 해도 걱정할 필요는 없어. 처리해야 할 데이터의 양이 늘어날 동안 데이터 저장 장치와 컴퓨터의 처리 성능도 함께 좋아질 테니까.

데이터의 속도

빅데이터의 두 번째 특징은 만들어진 많은 양의 데이터들이 전달되는 속도도 엄청나게 빠르다는 점이야.

예를 들면 도로를 다니는 차들은 대부분 내비게이션을 켜고 다녀. 부모님 차를 타면 "목적지를 입력하세요."라든가 "100미터 앞에서 좌회전입니다." 등 친절하게 안내하는 내비게이션의 음성 안내를 종종 들을 수 있어. 내비게이션은 목적지까지 가는 길을 찾아 주는 것뿐만 아니라 도로 위 교통 상황을 실시간으로 파악해 목적지에 가장 빨리 도착하는 길을 안내해 줘. 교통사고가 났거나 공사를 해서 도로가 꽉 막혀 있으면 소통이 원활한 다른 길을 안내해 최대한 목적지까지 빨리 갈 수 있게 도와주지.

그런데 어떻게 내비게이션은 교통 상황을 정확하게 알아내서 각 차에 빠르게 전달하는 걸까?

 티맵이나 카카오맵 같은 내비게이션 서비스는 도로에서 달리고 있는 차들의 위치 데이터를 실시간으로 제공받아. 그리고 각 차의 위치 변화와 속도를 재빨리 계산해서 가장 빠른 길, 또는 가장 최적의 길을 안

경로를 재탐색합니다.
300m 앞에서
우회전하세요.

내해 줘.

  여기서 중요한 것이 바로 '실시간'이야. 빠르게 전달되는 많은 양의 데이터를 사용자의 요구에 맞게 모으고 분석하는 작업을 실시간으로 처리하고 있다는 말이지. 예전에는 적은 양의 데이터도 처리하는 데만 몇 시간에서 몇 주가 걸렸지만, 지금은 분, 초 단위로 빠르게 처리해. 그만큼 데이터 처리 속도가 엄청나게 빨라진 거야.

 데이터의 다양성

데이터는 어떤 모습일지 생각해 본 적 있니?

음, 그런 것까지 생각해 본 적이 없어서요.

숫자랑 글자로 된 데이터 말고 또 있나요?

세 번째 특징은 데이터의 다양성이야. 예전에는 데이터라고 하면 보통 숫자 데이터만 뜻했어. 하지만 지금은 숫자 외에도 텍스트나 사진, 동영상 같은 종류의 데이터들이 더 많이 생성돼.

먼저 텍스트 데이터는 뭘까? 쉽게 말해 글자로 된 데이터라고 할 수 있어. 우리가 흔히 보는 데이터의 모습이지? 요즘은 영화를 보기 전에 영화평을 인터넷에서 먼저 확인해. 평이 좋다고 하면 기대감을 갖고 영화를 보고, 안 좋다고 하면 아무래도 영화 보기가 망설여져. 이야기는 재미있는지, 배우들의 연기는 어떤지, 컴퓨터 그래픽은 그럴듯했는지 등을 알려면 리뷰를 최소한 10~20개 정도는 읽어 봐야 해.

이뿐만 아니라 공공 기관이나 기업에서도 엄청난 양의 보고서나 자료가 매분, 매초 데이터로 만들어지고 있어. 이것도 대부분 텍스트 데이터란다.

그런데 최근에는 사진이나 동영상 데이터가 폭발적으로 많이 생성되고 모이고 있어. 많은 사람이 서로 소통하는 SNS뿐만 아니라 사진을 실시간으로 저장하는 클라우드 서비스도 한몫하고 있지. 또, 공항이나 지하철 같은 거대 공공시설 또는 엘리베이터나 골목길에 설치된, 흔히 CCTV라고 하는 폐쇄 회로 텔레비전에서도 사진과 동영상 데이터가 만들어지고 있고.

앞으로 데이터의 모습은 더욱 다양해질 거야. 지금처럼 학교에 가고, 마트에서 물건을 사는 것 같은 일상뿐만 아니라 우리 생각도 데이터화될 수 있을 거야. 뇌파 데이터를 통해 지금 수업에 집중을 하고 있는지 아니면 다른 생각을 하고 있는지, 또는 진실을 말하는지 거짓을 말하는지 등을 알아내는 연구도 활발하게 이루어지고 있거든.

이처럼 빅데이터는 양과 속도, 다양성 즉 3V로 특징지을 수 있어. 그런데 빅데이터의 영역이 더욱 확장되고, 다양한 기술이 빅데이터와 결합하면서 3V만으로는 빅데이터를 설명하기에 부족하다는 의견이 나오고 있어. 그래서 데이터의 신뢰성을 뜻하는 진실성(Veracity)과 가치 있는 정보를 뜻하는 가치(Value)를 더해서 빅데이터의 특징을 '5V'라고 하기도 해.

빅데이터의 특징은 앞으로도 점점 더 구체화되고, 더 늘어날 거야. 그래도 변하지 않는 사실은 빅데이터는 데이터 사이언티스트가 분석하고 다루어야 할 가치 있는 데이터라는 점이란다.

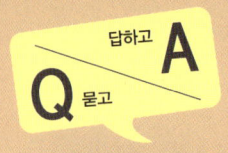

사물 인터넷은 우리 미래를 어떻게 바꿀까요?

혹시 인터넷이 없는 세상을 상상해 본 적 있니? 어쩌다 인터넷이 연결되지 않는 장소에 가면 불편한 것을 넘어 마치 세상과 단절된 듯한 불안함이 느껴지기도 하지?

인터넷은 전 세계적인 네트워크라는 뜻으로, 모든 컴퓨터를 하나의 통신망으로 연결하려고 만든 거야. 그러니까 인터넷은 컴퓨터나 스마트폰이 서로 연결되어 구성하고 있지. 그런데 앞으로는 자동차, 냉장고, 가방, 나무, 책상, 반려동물처럼 세상에 존재하는 모든 사물뿐만 아니라 집, 교실, 버스 정류장 같은 공간과 인터넷이 모두 연결되는 사물 인터넷 시대가 열릴 거야.

지금도 우리는 사물 인터넷을 일상 속에서 많이 사용해. 지하철 화장실이나 기숙사 세탁실에 센서를 설치해 비어 있는 화장실이나 세탁실을 실시간으로 파악할 수 있어. 어떤 자동차 회사에서는 에어백에 센서를 설치해 에어백이 터지면 수천만 건의 사고 유형을 분석해 해결책을 제공하고, 보험 회사와 병원에 연락이 가도록 했어.

　지금은 인터넷에 연결된 기기들끼리 정보를 주고받으려면 사람이 미리 조작해 놓아야 해. 하지만 본격적인 사물 인터넷 시대가 열리면 인터넷에 연결된 기기들끼리 서로 알아서 정보를 주고받으며 더욱 발전된 서비스를 제공하게 될 거야. 예를 들어 추운 겨울에 "6시까지 집 온도를 18도에 맞춰 줘." 하면 창문이 닫히고 보일러가 작동할 거야. 침대에 누우면 침대가 잠이 든 걸 파악해 조명을 꺼 줄 거고.

　앞으로는 사물 인터넷이 점점 더 우리 일상생활에 적용되면서 삶을 더욱 편리하게 만들 거야. 이런 시대에 잘 적응하기 위해서는 빅데이터와 인공 지능 등에 미리미리 관심을 기울여야겠지?

3장 다양한 모습의 빅데이터

- 인간관계까지 볼 수 있는 숫자 데이터
- 의미가 담겨 있는 텍스트 데이터
- 사진, 동영상을 포함한 이미지 데이터

인간관계까지 볼 수 있는 숫자 데이터

데이터에도 종류가 있나요?

흔히 형식이 있느냐 없느냐에 따라 정형 데이터, 비정형 데이터, 반정형 데이터로 나눈단다.

정형 데이터요? 정형외과랑 관련 있는 거예요?

정형 데이터에서 '정형'은 형식이 정해져 있다는 뜻이야. 예를 들어 표에 담긴 특정 학교 학생의 이름, 주소, 반, 번호 같은 데이터라든가, 편의점에서 24시간 동안 팔린 물건의 개수나 금액처럼 정해진 형식과 구조에 따라 저장된 데이터가 바로 정형 데이터야.

반대로 비정형 데이터는 표와 같은 형식에 저장되지 않은 데이터를 뜻해. 카톡이나 문자, 이메일, 문서나 영상, 이미지, 음성 같은 것들은 정해진 형식이 따로 없어.

그럼 반정형 데이터는 뭘까? 말 그대로 반만 정형인 거지. 컴퓨터 언어인 HTML이라든가 웹 문서 같은 것들을 반정형 데이터라고 해. 약간의 형식을 갖춰서 존재하지만 변화무쌍하게 바뀌니까.

이런 데이터들은 형식에 따른 구분과 상관없이 숫자, 텍스트, 이미지, 음성 등 다양한 모습을 갖고 있어. 지금부터 이렇게 다양한 모습의 데이터를 어떻게 활용하는지 자세히 들여다볼까?

먼저 숫자 데이터야. 편의점에 가서 신용 카드를 내면 편의점 카드 단말기를 통해 카드를 쓴 날짜와 시간, 금액, 장소가 기록돼. 어느 편의점에서 사용되었는지는 가맹점 코드로 기록되지.

1. 정형 데이터의 예

〈헬스클럽 회원 정보〉

이름	전화번호	나이
김길동	010-****-1515	25
이소미	010-****-2385	20
민지영	010-****-7541	32

2. 비정형 데이터의 예

1) 그림

〈별이 빛나는 밤〉

2) 카톡 같은 문자 메시지

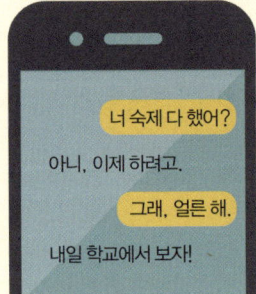

3. 반정형 데이터의 예

〈HTML〉

〈health club〉
〈phone number ="1515"〉
〈name〉 김길동 〈/name〉
〈age〉 25 〈/age〉

신용 카드 회사는 신용 카드 사용 내역 데이터를 모두 보관해 놓고 있다가 한 달에 한 번씩 사용자에게 카드 사용 내역을 보내 줘. 편의점 포인트 카드를 사용했다면 내가 어떤 물건을 몇 번 샀는지도 숫자로 기록이 남아. 편의점 본사에서는 이런 숫자 데이터를 가지고 자사 제품을 홍보하거나 그 제품과 관련된 다른 물품을 추천할 수도 있지.

이 밖에도 병원에서는 환자들의 맥박이나 혈압 등을 전부 숫자 데이터로 전환해서 저장해 둬. 그리고 환자들이 진료를 받으러 오면 의사는 이전 데이터에 새로운 데이터를 업데이트해서 진단을 내려.

이런 숫자 데이터를 아주 잘 활용하고 있는 회사가 있어. 일본의 건설 장비 업체인 고마츠는 굴착기에 센서를 달아서 팔아. 굴착기에 이상이 생기면 바로 유지 보수를 해 줘서 좋은 반응을 얻고 있어. 고마츠는 이 센서를 통해 고장 정보뿐만 아니라 굴착기가 언제 얼마나 이용되고 있는지도 파악해. 이를테면 굴착기가 지금 시베리아에서는 하루에 10시간 일하고, 중국에서는 밤낮없이 24시간 일한다는 것 등을 파악해서 전 세계의 건설 경기 현황이 어떤지 들여다보는 거지.

숫자 데이터는 심지어 사람과 사람 사이의 관계도 나타낼 수 있어. 예전에는 나와 내 친구 사이가 얼마나 가까운지를 객관적으로 판단할 수 있는 방법이 따로 없었어. 하지만 지금은 관계를

숫자로 바꿔 데이터화할 수 있어. 전화나 문자, 친구 맺기, 팔로 잉 등 얼마나 자주 교류하는가에 따라 관계의 강도를 측정하는 거야. 한 번도 만난 적 없고 이야기한 적도 없고 통화한 적도 없 는 친구를 0이라고 하면, 매일 통화하고 문자를 주고받고, SNS 에 '좋아요'를 누르는 친구는 10이라고 표현하는 거지. 그럼 이 들의 관계는 친밀하다고 할 수 있는 거고. 물론 데이터상에서 그 렇다는 거야.

인간관계가 넓은 마당발들은 소셜 미디어를 통해 수천, 수만 명의 사람과 소통하는데, 이렇게 팔로워 수가 많은 이들을 '인플 루언서'라고 해. 이들은 각자의 영향력을 '팔로워 수' 같은 숫자 로 표시해서 순위도 매길 수 있단다. 숫자 데이터의 힘이 생각보 다 정말 크지?

의미가 담겨 있는 텍스트 데이터

　우리가 친구들과 주고받는 문자 메시지나 카카오톡뿐만 아니라 개인 SNS인 블로그와 페이스북, 인스타그램에 쓰는 글과 해시태그 같은 것들은 모두 텍스트 데이터야.

　우리는 일상에서 텍스트 데이터를 많이 접해. 물건을 사기 전에 인터넷 쇼핑몰의 상품 후기를 읽고, 여행을 가기 전에 숙소 예약 사이트나 소셜 미디어에 올라온 숙소 후기를 먼저 찾아보잖아? 인터넷에 올라온 제품에 대한 의견 또는 숙소를 이용한 사람들이 남긴 조식 및 객실 상태, 서비스 수준 같은 다양한 평가들이 모두 텍스트 데이터란다. 예전에는 어떤 것이 좋은지 나쁜지를 가까운 사람들한테만 이야기했어. 하지만 이제는 누구나 볼 수 있게 의견을 공유해.

이런 후기는 쇼핑몰에 물건을 파는 사람들이나 숙소 담당자들도 볼 거야. 후기 속에 담긴 칭찬 혹은 불평, 불만을 보면서 고객이 원하는 서비스는 무엇인지, 어떤 부분을 불편해하는지 등에 대한 힌트를 얻을 수 있기 때문이지.

또한 제품 서비스에 대한 AS(애프터서비스) 내역도 텍스트야. AS센터에서는 제품의 어디에 어떤 이상이 생기고, 어떤 부품을 교체했는지 등 모든 것을 기록해. 본사 개발실에서는 이런 데이터를 제품의 품질을 향상시키는 데 사용한단다.

제조 공정을 관리하는 엔지니어들도 마찬가지야. 엔지니어들이 수행하는 검사의 결과는 보통 숫자가 포함된 텍스트야. 이를테면 '이 장치는 1년에 2회 교체 필수'처럼 말이야. 이뿐만 아니라 공정 가운데 엔지니이들이 실시간으로 기록하는 기기의 문제점이나 이상 상황에 대한 간단한 메모들도 활용 가치가 높은 텍스트 데이터란다.

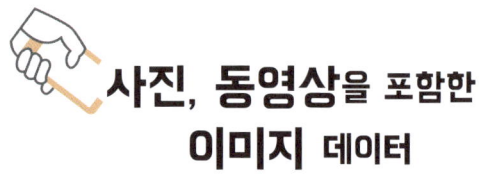

사진, 동영상을 포함한 이미지 데이터

이미지 데이터는 그림이나 사진과 같은 형체를 표현하는 데이터로, 형식이 정해지지 않은 비정형 데이터란다. 컴퓨터에 그대로 기억되는 데이터, 그러니까 종이에 있는 내용을 스캐너로 읽어 들인 거라고 생각하면 돼. 동영상은 이미지가 연속으로 모여 있는 데이터고.

스마트폰에 카메라가 장착된 뒤로 이미지 데이터는 무한 생성되고 있어. 각종 SNS에 올라오는 사진뿐만 아니라 구글에서 제공하는 구글 포토에도 엄청난 양이 저장된단다. 구글 포토와 휴대폰을 연결해 놓으면 휴대폰으로 찍은 사진이 구글 포토에 저절로 보관되는데, 이런 걸 '클라우드' 서비스라고 해.

클라우드는 인터넷을 통해 중앙 컴퓨터에 다양한 데이터를 저장할 수 있는 시스템이야. 일종의 개인용 저장 공간 같은 거지. 사용료를 내면 각종 문서나 사진, 음악 따위의 데이터를 저장할 수 있어.

클라우드는 구름을 뜻하잖아요. 데이터가 구름처럼 모인다고 이런 이름이 붙은 건가요?

맞아. 또 인터넷만 가능하면 언제 어디서든 찾아볼 수 있는 구름과 같은 존재라는 뜻도 있어.

의료 분야에서도 이미지 데이터가 만들어진단다. 병원에서 이미지 데이터가 만들어진다는 게 놀랍다고? 우리가 병원에 가면 종종 엑스레이를 찍잖아. 이런 게 다 이미지 데이터야. 이뿐만 아니라 전국의 병원에서 컴퓨터 단층 촬영(CT) 스캐너, 핵자기 공명 장치(MRI) 같은 기계로 몸속을 영상 촬영한 이미지 데이터가 만들어진단다.

특히 요새 친구들이 많이 사용하는 동영상 서비스인 틱톡이나 유튜브에서 동영상이 날마다 어마어마하게 생성되는 건 잘 알고 있을 거야. 동영상을 검색하면 수백억 개의 동영상 가운데서 방탄소년단의 노래를 따라 부르는 팬들의 영상을 순식간에 찾을 수 있지.

이미지 데이터는 우리 삶 곳곳에서 아주 유용하게 쓰이고 있어. 산업 현장에서는 품질을 검사할 때 불량품을 골라내는 일에 이미지 데이터를 사용해. 반도체 공장을 찍은 사진에 종종 등장하는 거울처럼 반짝이는 원판을 본 적 있을 거야. 이걸 웨이퍼라고 하는데, 엔지니어들은 이미지 데이터를 가지고 이 웨이퍼에서 불량이 어느 위치에 어떤 모양으로 발생했는지를 판단해.

이미지 데이터는 범죄 수사에서도 유용하게 쓰이고 있어. 인공 지능을 사용해서 CCTV로 모은 수많은 영상 또는 사진 속 사람들 가운데 지명 수배범을 정확히 감별해서 찾아낼 수 있거

든. 인공 지능은 사진 속 사람들의 얼굴을 하나하나 인식해 저마다 영역을 지정하고, 각 영역 안의 얼굴을 이미 갖고 있는 지명 수배범의 얼굴 이미지 데이터와 비교해 찾아내는 거야.

많은 사람이 이용하는 SNS인 페이스북은 친구들과 찍은 사진을 올리면 친절하게도 친구들 이름을 얼굴 옆에 입력해 줘. 이런 걸 '이미지 자동 태깅'이라고 하는데, 이미 페이스북이 친구들의 얼굴과 이름에 대한 데이터를 가지고 있기 때문에 가능한 거야. 사용자가 페이스북에 올리는 친구 사진에 입력해 놓은 이름을 학습한 결과지.

중국 정부는 전 국민의 얼굴 이미지 데이터를, 인도 정부는 전 국민의 홍채* 이미지 데이터를 가지고 있다고 해. 인도에는 글자를 읽지 못하는 사람들이 많아. 그래서 소득이 없는 사람들한테 주는 정부 보조금을 누군가가 대신 받아 가는 문제가 발생했어. 인도 정부는 이를 막으려고 전 국민의 홍채 이미지를 확보해서 신분증에 넣었고, 홍채가 동일하다고 확인되어야만 보조금을 지급하도록 한 거야. 이미지 데이터를 활용해서 정책을 세운 거지.

이 밖에도 우리의 일상은 이미지 데이터로 기록되고 저장돼.

* **홍채**: 눈에 있는 둥근 모양의 얇은 막. 동공을 확대하거나 수축해 빛의 양을 조절한다. 지문처럼 사람마다 모양이 달라서 개인을 확인하는 도구로도 쓰인다.

곳곳에 설치된 CCTV와 차량의 블랙박스에 내 모습이 찍히니까. 이러한 데이터들을 모아서 잘 분석하면 범죄 예방은 물론이고 불법 주차나 쓰레기 투기 등 골치 아픈 사회 문제들을 해결할 수 있어.

이처럼 데이터 가운데 가장 많은 양을 차지하는 이미지 데이터는 우리 삶 곳곳에서 유용하게 사용되고 있어.

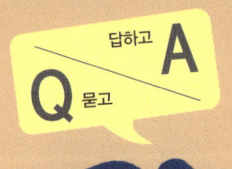

빅데이터가 주목받게 된 계기가 있나요?

빅데이터가 주목받기 시작한 것은 네 가지, 즉 센서, 스마트폰, 인터넷, 컴퓨터 덕분이야.

첫째, 과거 30여 년간 센서 기술은 엄청나게 발전해 왔어. 성능은 향상되고 가격은 떨어졌지. 대표적으로 카메라, 온도계, 습도계, 진동 센서, 소음 센서, 중력 센서 등이 있어. 이러한 센서는 곳곳에서, 우리가 없는 때에도 그곳의 상황이 어떠한지 24시간 쉬지 않고 측정해서 알려 주지.

둘째, 2007년 아이폰으로 처음 등장한 스마트폰은 이제 전 세계 20억 명 이상이 가지고 다니는 휴대용 컴퓨터가 되었어. 덕분에 언제 어디서든 전화 통화와 문자로 타인과 소통하고, 관심사를 검색하고, 사진을 찍어 소셜미디어에 올릴 수 있게 되었지. 엄청난 데이터를 생성하는 기기가 아닐 수 없어.

초기 아이폰의 모습

셋째, 유무선 인터넷 또한 최근 30년간 데이터의 양과 속도 면에서 엄청난 발전을 이루었어. 센서와 스마트폰에서 생성하는 정보는 인터넷을 타고 공공 기관이나 민간 기업의 컴퓨터로 전송돼. 특히 최근 등장한 5G 기술은 통신 속도를 획기적으로 향상시켰지.

넷째, 컴퓨터의 계산 속도 역시 매년 꾸준히 향상되고 있어. 특히 빅데이터를 학습할 때 계산 속도는 결정적으로 중요한데, 컴퓨터 등장 초기에 비해 계산 속도가 거의 1,000배로 증가한 덕분에 빅데이터를 학습시켜 인공 지능을 만드는 데 소요되는 시간이 많이 줄었지.

이처럼 센서, 스마트폰, 인터넷, 컴퓨터의 놀랄 만한 발전 덕분에 명실상부한 빅데이터의 세상이 올 수 있었단다.

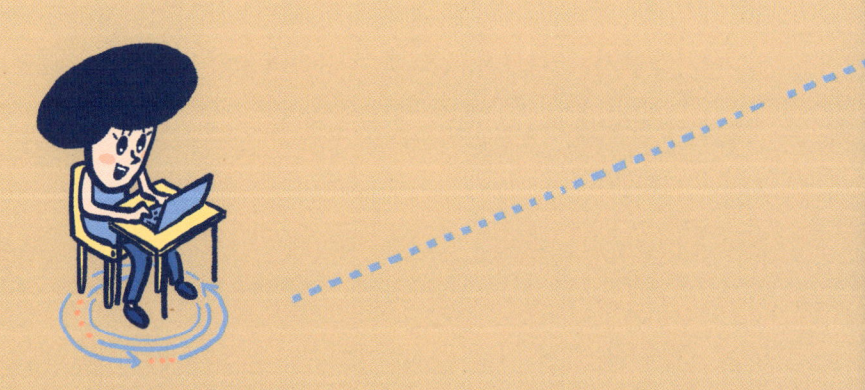

4장 빅데이터를 어떻게 분석할까?

- 한눈에 알아볼 수 있게
- 연관성 찾기와 비슷한 것끼리 묶기
- 분류하기와 예측하기
- 이상한 점 찾아내기

 ## 한눈에 알아볼 수 있게

데이터 사이언티스트는 어떤 과정을 거쳐서 데이터를 분석하나요?

먼저 데이터를 어디에 쓸지 결정을 해. 그런 다음 분석을 하지.

음, 데이터 사이언티스트는 생각할 게 참 많은 것 같아요.

지금부터는 데이터 사이언티스트가 빅데이터를 어떤 방법으로 분석하는지 알아보자. 데이터 사이언티스트는 요리사와 비슷하다고 했잖아? 고객이 먹고 싶은 음식을 주문하면 요리사는 솥, 찜통, 프라이팬, 석쇠 같은 다양한 조리 도구로 찜이나 튀김, 볶음, 구이 같은 다양한 조리 방법을 써서 요리를 만들어. 찜 요리에는 찜통, 볶음 요리에는 프라이팬을 쓰겠지?

데이터 사이언티스트도 마찬가지야. 먼저 빅데이터를 분석해 달라는 고객 요청이 들어오면 재료인 빅데이터를 여러 가지 작업 방법과 기법을 사용해서 결과물인 인사이트로 만들어 내.

데이터로부터 원하는 인사이트를 이끌어 내는 과정은 묘사, 진단, 예측, 처방까지 4단계를 거쳐.

1단계 '묘사'는 분석하는 대상에 무슨 일이 일어났는지 조사하는 거야. 편의점에서 어떤 컵라면으로 프로모션을 해야 가장 효과적일지 알아보기 위해 분석을 요청했다고 예를 들어 보자. 그러면 최근 12개월간의 제품별, 지점별, 월별 전체 라면 매출액은 얼마인지, 한 달 동안 가장 많이 팔린 컵라면은 무엇인지, 아니면 가장 안 팔린 컵라면은 무엇인지 같은 질문에 답을 찾는 거야.

2단계 '진단'은 분석 대상에 왜 그런 일이 일어났는지를 찾아내는 거야. 그러니까 9월에 짜장 컵라면이 왜 8월보다 많이 팔렸을까, 신제품인 볶음라면의 판매가 가장 낮은 이유는 뭘까 같은 질문에 답을 찾는 거야. SNS나 고객 게시판, 방송 등에서 얻은 빅데이터를 활용해 답을 찾지.

3단계 '예측'은 분석 대상이 앞으로 어떻게 될지를 가늠하는 거야. 그러니까 짜장 컵라면이 10월에도 9월처럼 판매가 잘될지, 아니면 판매량이 줄어들지 예측하는 거지. 계절에 따른 컵라면 판매 추이와 함께 판매 실적을 예측할 수도 있어.

마지막으로 4단계 '처방'은 원하는 결과를 얻기 위해서 무엇을 해야 하는지 찾는 단계야. 신제품인 볶음라면의 판매를 높이기 위해 맛을 더 좋게 만드는 방법을 찾아야 할지, 아니면 판매를 아예 포기하고 새로운 맛 신제품을 출시해야 할지 등을 결정하는 거야.

각각의 단계에서 분석을 제대로 하기 위해서는 여러 가지 분석 방법이 필요해. 나는 데이터를 분석할 때 시각화 방법을 많이 써. 보는 사람이 한눈에 쉽게 이해가 되기 때문에 많은 데이터 사이언티스트가 이 방법을 사용한단다.

그런데 시각화가 뭐냐고? 시각화는 데이터를 그림처럼 한눈에 파악할 수 있게 만들어서 보여 주는 거야. 자동차 계기판을 생각해 볼까? 자동차 계기판은 자동차마다 디자인이 다 다르잖아. 시속 80킬로미터 속도를 나타낼 때 어떤 차는 눈금으로 표시하고, 어떤 차는 숫자로 보여 줘. 보여 주는 방식은 다르지만 수치는 시속 80킬로미터로 모두 같아. 이처럼 중요하다고 판단되는 정보를 한눈에 들여다볼 수 있게 데이터를 가공해서 보여 주는 것이 바로 시각화야.

시각화의 방법은 다양해. 가장 대표적인 방법이 그래프지. 수학 시간에 꺾은선 그래프나 막대그래프, 원그래프 같은 다양한 그래프에 대해서 배웠지? 시각화에서는 여러 그래프 중에서 꺾은선 그래프를 가장 많이 사용해. 이 밖에도 히스토그램, 지도, 인포그래픽 등 여러 가지 방법이 있어.

시각화를 하려면 데이터를 모으고 정리한 다음 한눈에 알아볼 수 있는 시각 자료를 만들어야 해. 쉬운 일은 아니지만 데이터 사이언티스트가 반드시 해야 하는 일이지.

기업이나 공공 기관에서 빅데이터를 활용해서 인사이트를 도출하겠다고 하면, 나는 그 전에 무조건 데이터를 모아서 시각화해 보라고 말해. 눈으로 보고 직관적으로 이해할 수 있는 게 정

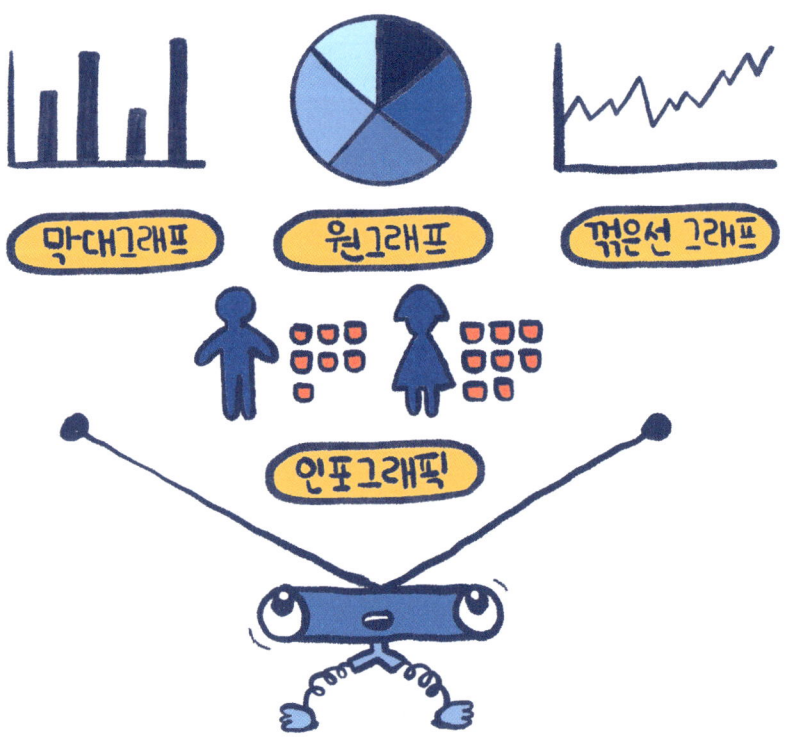

말 많거든. 정리된 자료를 보면 다음 분석 단계에서 무엇을 알고 싶은지도 알 수 있게 되고.

시각화는 다른 기법보다 단순한 방법이지만 이 방법으로 심오한 인사이트를 직관적으로 얻을 수 있어.

연관성 찾기와 비슷한 것끼리 묶기

마트에서 함께 팔리는 물품을 분석해 보았더니 맥주를 산 사람들 장바구니에 기저귀도 많이 있었다고 해. 수많은 결제 데이터를 분석해서 나온 인사이트야. 그런데 이걸 통해 어떻게 가치를 만들어 낼 수 있을까?

동시 구매가 많으니 맥주와 기저귀를 가까운 곳에 진열해서 소비자의 이동 거리를 짧게 줄일 수도 있고, 맥주와 기저귀를 패키지로 묶어 할인 판매를 할 수도 있을 거야. 아니면 아예 매장 반대쪽에 진열해서 소비자가 기저귀를 사고 맥주를 사러 가는 길에 계획에 없던 다른 물품을 구매하도록 유도할 수도 있고.

그런데 맥주와 기저귀 사이에 이런 연관성이 생기는 원인은 무엇일까? 여기부터는 분석이 아니라 해석이 들어가야 해. 퇴근길에 아이를 위해 마트에 들러 기저귀를 들고 나오다가 맥주가 보이자 자신을 위해 구매하게 되었다는 해석을 할 수 있어.

이처럼 연관 있는 것을 찾아 분석하는 것이 바로 연관성 찾기, '연관 분석'이야. 그런데 데이터를 분석해서 얻을 수 있는 건 단순한 연관성이지 원인과 결과라고 볼 수는 없어. 연관성을 통한 가치는 분석가가 찾아내지만, 이에 따른 해석은 마트의 마케팅 담당자 같은 의사 결정자들이 해야 해.

비슷하지만 다른 분석 방법이 있는데, 사람 또는 대상을 비슷한 것끼리 묶는 '군집화' 기법이 있어.

아래 그림을 볼까? 왼쪽 그림처럼 여러 가지 데이터가 흩어져 있으면 어떤 경향을 찾기가 어려워. 그런데 오른쪽 그림처럼 유사한 데이터들끼리 묶으면 어느 정도 일정한 그룹이 생겨. 여기서는 파란색, 노란색, 빨간색 그룹으로 나누었어.

이렇게 비슷한 성향을 가진 소비자들끼리 모아 놓으면 각 그룹에 맞는 맞춤형 제품과 서비스를 마케팅할 수 있어. 예를 들어

'주로 30~40대 여성으로, 학부모일 가능성이 많으며, 사는 곳은 주로 강남 지역, 생활 수준이 높고, 맛집 탐방을 즐기는 사람'으로 특정 그룹에 대한 인사이트를 얻었다고 해 보자. 이런 결과를 통해 해당 고객들을 만나려면 어디로 가야 하는지, 어떤 광고 채널을 활용해야 하는지, 그들의 주요 관심사가 무엇인지 바로 알아낼 수 있어. 그럼 그 수준에 맞는 제품과 서비스를 찾아 제공하기가 훨씬 쉽겠지.

이런 군집화 기법은 선거에서 많이 쓰여. 후보자가 유권자들의 성향에 맞는 메시지를 전달할 경우 그 후보에게 투표하도록 만들 확률이 훨씬 커지니까. 미국의 제42대 대통령 빌 클린턴은 대통령 후보로 미국 전 지역을 돌아다니며 연설할 때, 유권자들의 성향에 따라 미국인을 7개 그룹으로 나누었어. 그리고 각 그룹에 맞는 메시지를 준비해서 연설을 했지. 그 결과는 아주 성공적이었고, 클린턴은 대통령에 두 번 연속 당선되었어.

이처럼 유권자를 성향에 따라 모아서 일종의 유권자 지도를 만들 수도 있어. 정치권에서 흔히 사용하는 방법인데, 예를 들어 우리나라 사람을 19개 그룹으로 나누고 1번 그룹은 '20대 초중반, 아르바이트를 해서 대학 등록금을 낸 대졸 취업 준비생'

하는 식으로 세세하게 나누는 거야. 이렇게 하면 유권자에게 전해야 하는 메시지나 정책들이 분명해져. 그룹을 작게 쪼갤수록 훨씬 더 구체적으로 메시지를 전달할 수 있단다.

분류하기와 예측하기

 또 다른 분석 방법으로는 분류하기와 예측하기가 있어. 그럼 먼저 분류하기에 대해 알아볼까?

 미국에서는 우편물 분류를 사람이 아니라 기계가 해. 이 기계는 우편 번호 부분을 촬영해서 각 숫자를 인식한 다음, 각 지역으로 가는 우편물 통으로 우편물을 밀어 넣어. 이렇게 나누는 것이 바로 분류하기야.

 페이스북에서 사진을 보고 사람의 이름을 찾는 것도, 자율 주행차가 도로를 달리다가 '60'이 적힌 표지판 이미지를 보고 그것을 '60'이라는 숫자로 바로 인식하는 것도 다 분류라고 할 수 있어.

이번에는 예측에 대해 알아볼까? 예를 들어 1년 뒤 우리나라 주식 시장에서 종합 지수가 지금보다 올라갈지 내려갈지를 판단하는 것이 예측이야. 환자의 과거 병력과 현재의 건강 상태를 가지고 1년 뒤 고혈압이 발생할 가능성을 0~100 사이의 숫자로 계산해 내는 것도 예측이고. 개봉을 앞둔 영화의 관객 수가 얼마나 될지를 추정하는 것도 마찬가지야. 이처럼 예측에는 시간적 요소가 들어가는 경우가 많아.

이렇게 분류 및 예측을 하는 기계, 컴퓨터, 또는 소프트웨어는 대개 머신 러닝을 사용해. 숫자 이미지를 인식할 때, 숫자 '3' 이미지를 컴퓨터에 보여 주면서 3이라고 알려 주고, 숫자 '5' 이미지를 보여 주면서 5라고 알려 주는 식으로 이미지를 이해시켜. 숫자 3의 이미지가 워낙 다양하니까 아주 많은 종류의 3을 보여 줘야 해. 컴퓨터가 이를 잘 배우게 되면, 나중에는 처음 본 숫자 '3' 이미지도 곧바로 3이라고 분류하게 되고, 3뿐만 아니라 0부터 9까지 다 인식할 수 있게 되지. 머신 러닝은 뒤에서 자세히 알려 줄게.

이런 분류 및 예측에 사용되는 기법 가운데 가장 인기가 많은 방법이 바로 '의사 결정 나무'야.

> 엥? 의사를 결정하는 나무라고요? 그런 신기한 나무가 있어요?

> 의사를 대신 결정해 주면 편하긴 할 텐데, 그런 나무가 있을까요?

의사 결정 나무는 의사 결정자가 선택할 수 있는 행동과 그 행동에 따른 결과들을 나뭇가지처럼 표현해서 최종적인 인사이트를 얻어 내는 방법을 말해. 오른쪽에 나오는 그림은 1911년 항해 중에 빙산과 충돌해 침몰한 타이태닉호에 탔던 승객의 특성과 생사 여부 사이의 관련성을 찾은 의사 결정 나무야.

맨 위에서부터 질문에 답하면서 아래로 따라 내려오면, 승객이 사망했는지 생존했는지 알려 줘. 예를 들어 1, 2등 객실에 묵은 여성들은 살아남았고, 18세 이상 성인 남성은 객실과 무관하게 모두 사망했어. 18세 미만 남자아이들은 1, 2등 객실에 묵은 경우에는 살아남고, 3등 객실에 탄 경우에는 사망했지. 이를 통해 타이태닉호 승객은 '여성 및 아이 우선', '1, 2등 객실 우선'으

로 살아남았다는 것을 알 수 있단다.

　이처럼 우리가 찾고자 하는 인사이트는 의사 결정 나무 모형에서 질문을 따라 내려온 길이 되는 거야. 이 방법은 이해하기 쉽게 인사이트를 보여 줘서 의사 결정자들이 선호한단다.

# 이상한 점 찾아내기

 마지막으로 이상한 점 찾아내기 즉 '이상 탐지'는 대상이 비정상적으로 작동하는지 아닌지를 알아내는 거야. 이 방법으로 보험이나 신용 카드 사용 등에서 사기인지 아닌지를 알아내. 아프지도 않은데 보험금을 가짜로 청구하거나 다른 사람의 신용 카드를 복제해 몰래 사용한다든가 하는 것을 알아내는 거지.

 어떤 회사의 생산 공정에서 이상 상황이 생기거나 기계 장비에 이상이 생기는 것도 알아내는데, 이때는 '정상'과 '비정상' 두 가지 값으로 나눠. 그런데 보통 정상인 경우의 데이터는 많고, 비정상일 때의 데이터는 거의 없어. 문제가 생길 때만 비정상 데이터가 생기는 거니까. 그래서 이렇게 두 값으로 나누기 전에 컴퓨터를 정상 데이터로만 학습시켜. 그러면 컴퓨터는 정상 범위에 있거나 아주 가까울 때만 '정상'이라고 판단하고, 여기에서 크게 벗어나는 상황을 비정상이라고 판단하는 거야.

이처럼 이상 탐지 방법은 사기나 공정상의 결함을 찾아내는 데 널리 쓰이기도 하고, 주택 침입이나 건강 이상을 알아내는 등 아주 다양한 분야에서 활용되고 있단다.

> 데이터 사이언티스트는
> 이런 다양한 분석 기법들을
> 자유자재로 사용할 줄 알아야 해.

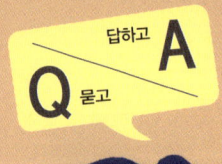

빅데이터 분석 결과를 다 믿어도 될까요?

예전에는 회사에서 물건을 팔 때 물건을 파는 담당자의 경험과 직관에 크게 의존했지만, 지금은 빅데이터로 언제 누구에게 얼마에 물건을 파는 게 좋을지 같은 의사 결정을 보다 객관적으로 할 수 있게 되었어. 스포츠에서도 마찬가지야. 최근 축구 경기를 보면 축구 선수들이 몸에 차고 있는 웨어러블 기기를 볼 수 있어. 마치 몸의 일부인 것처럼 차고 있으면 우리 몸의 상태를 알려 주는 기기인데, 축구팀에서는 이 기기가 보내오는 선수들이 뛴 거리, 최고 속도, 가속 속도 등 각종 데이터들을 분석해서 선수들의 정확한 퍼포먼스 평가와 분석, 체계적인 컨디션 관리, 효율적인 훈련법 설계를 한단다.

이처럼 빅데이터는 객관적이고, 필요한 가치를 발견하게 해 줘. 그러면 빅데이터를 분석한 결과는 무조건 믿고 따라야 할까?

물론 엄청나게 많은 데이터를 분석해서 내놓은 결과니까 느낌이나 감으로 분석한 결과보다 훨씬 정확할 거라고 생각해. 하지만 빅데이터의 결과는 수학적인 계산만을 통해 나온 것이기 때문에 문제의 본

질과 상관없는 엉뚱한 결론에 도달할 수도 있어.

예전에 구글에서 독감 유행 예측 시스템을 만든 적이 있어. 이 시스템은 검색 엔진에 입력된 검색어를 분석해 미국 질병 통제 예방 센터보다 더 빠르고 정확하게 예측했다고 해. 하지만 구글은 더 이상 이 시스템을 사용하지 않아. 결과를 조금 더 깊이 살펴보니 보건 당국보다 정확도가 25% 정도 떨어지는 걸로 나왔거든. 아무래도 독감 관련 검색을 하는 사람이 실제 독감에 걸리지 않은 경우가 있었을 테니까.

데이터를 많이 모으고 분석하면 어떤 것이든 결과가 나와. 하지만 자칫 분석 방법에 문제가 있거나 결과가 정확하지 않으면 문제를 일으킬 수도 있어. 그러니 분석 결과를 무조건적으로 믿기보다 객관적으로 판단하는 도구 중 하나로 여기는 것도 필요해.

5장 데이터 사이언티스트는 인공 지능을 어떻게 다룰까?

- 인공 지능과 빅데이터
- 인공 지능은 어떻게 만들어질까?
- 인공 지능의 학습 방법, 머신 러닝
- 이미지를 분석하는 인공 지능
- 텍스트를 분석하는 인공 지능

인공 지능과 빅데이터

인공 지능은 빅데이터와 어떤 관계가 있을까? 앞서 데이터를 분석하는 여러 가지 방법에 대해 알아보았는데, 인공 지능도 바로 빅데이터를 분석하는 여러 방법 중 하나라고 볼 수 있어.

인공 지능은 나날이 발전해서 지금 각 분야에서 활약하는 인공 지능이 엄청나게 많아. 그 가운데 알파고는 대표적인 인공 지능 프로그램이야. 구글의 딥마인드라는 회사가 개발한 인공 지능 바둑 프로그램인데, 들어 본 적 있지? 알파고는 2016년 3월에 세계 정상급 프로 바둑 기사인 이세돌 9단과 대결을 벌였어. 모두 5번의 대국에서 이세돌 9단을 상대로 4승 1패로 승리하면서 세상 사람들이 인공 지능에 대해 관심을 갖게 만들었단다.

2017년 5월에는 중국의 프로 바둑 기사인 커제 9단, 중국 대표 5인과도 대국을 펼쳤어. 수많은 화제를 불러일으키며 세기의 대결로 주목받았는데, 여기에서도 알파고는 치밀하고 정교한 수 읽기와 정확한 계산 능력을 뽐내며 우승했어.

또 다른 대표적인 인공 지능으로는 자율 주행차가 있어. 자율 주행차는 운전자가 핸들을 잡고 직접 운전하지 않아도 스스로 달리는 자동차를 말해. 위치를 알려 주는 지피에스(GPS)와 각종 센서로 외부 환경에 대한 다양한 정보를 수집한 다음, 이 정보들을 바탕으로 적절한 경로와 움직임을 판단하고 조작해서 목적지까지 가도록 만들어졌어.

　자율 주행차는 1960년대 독일의 자동차 회사인 벤츠를 중심으로 제안되었고, 1970년대 중후반부터 연구가 시작되었어. 본격적인 연구는 1990년대 컴퓨터 기술이 발달하면서 시작되었는데, 지금은 세계 곳곳에서 자율 주행차가 도로를 달리고 있

지. 한 보고서에 따르면 2040년쯤 되면 전 세계 차량의 약 75 퍼센트가 자율 주행차로 바뀔 거라고 해.

인공 지능 스피커는 우리 주변에서 가장 흔한 인공 지능 활용 장치야. AI 스피커라고도 하고 스마트 스피커라고도 해. 이 장치는 단순하게 음악을 내보내는 스피커 역할뿐만 아니라 사람과 대화를 주고받는 똑똑한 스피커야. 사람이 한 말을 분석(음성 분석)해서 대화를 주고받기도 하고, 인터넷에서 원하는 정보를 검색해 바로바로 제공해 주기도 해. 뉴스나 스포츠, 날씨 정보 등을 알려 주기도 하고, 사람과 끝말잇기도 가능하지. 그뿐만 아니라 음성 명령으로 방의 전등을 끄고 켜거나 냉난방을 조절

할 수도 있고, 인터넷에 연결된 가전제품을 조종할 수도 있어. 심지어 인간의 생명을 구하기도 해. 혼자 사는 사람이 위험한 순간에 인공 지능 스피커를 이용해 119에 신고를 해서 도움을 받은 사례도 있었지.

 이 밖에도 각종 상품을 파는 회사의 고객 센터에는 고객들의 질문이나 불만을 해결하는 전화 상담원 대신 사이버 고객 센터에서 채팅으로 간편하게 문제를 해결해 주는 '챗봇'이 있어. 음식 주문이나 서빙을 하거나 직접 집까지 배달을 해 주는 인공 지능 로봇도 있고. 기업에서 직원을 뽑을 때 지원자를 선별하거나 주식이나 부동산을 투자자 대신 운용하는 인공 지능도 있지.

 심지어 기자처럼 기사를 쓰는 인공 지능인 로보라이터도 있어. 로보라이터는 야구 경기가 끝나면 1초 만에 경기 내용을 담은 기사를 작성해서 각 언론사로 보내. 경기 중에 기록된 결과를 인공 지능한테 주기만 하면 알아서 기사를 작성하거든. 또 번역을 하는 인공 지능, 병원에서 엑스레이를 판독하거나 환자와 질병을 관리하는 인공 지능도 있지. 스마트 공장, 스마트 농장에서는 인공 지능으로 공장과 농장을 관리하거나 운영하기도 해. 앞으로 인공 지능으로 할 수 있는 것들은 점점 더 많아질 거야.

이러한 인공 지능은 엄청난 양의 데이터, 즉 빅데이터를 통한 학습을 바탕으로 마치 인간처럼 지능적으로 행동해. 따라서 빅데이터 없이 인공 지능은 구현되지 못해. 휘발유 없이 자동차가 움직이지 못하는 것과 같은 원리지.

> 빅데이터는 미래의 정보 통신 사회에서
> 새로운 자원이자 화폐 역할을 할 거야.

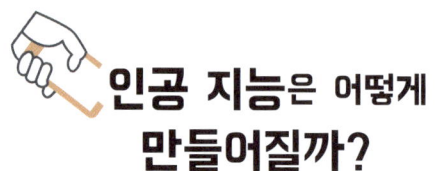
인공 지능은 어떻게 만들어질까?

　인공 지능은 '귀납적 추론'을 바탕으로 만들어져. 귀납적 추론이 뭐냐고? 말 자체는 좀 어렵지만 우리는 늘 귀납적 추론을 하고 있으니까 금방 이해할 수 있을 거야. 예를 들어 학교에 버스를 타고 다니는데, 보통 40분이 걸려. 그런데 유독 월요일에만 1시간 이상 걸렸어. 이런 경우 '월요일에는 등교 시간이 20분 이상 더 걸린다.'라는 명제(참과 거짓을 판단할 수 있는 내용이 담긴 문장)를 뽑아낼 수 있어. 이처럼 몇 차례 쌓인 경험을 토대로 데이터를 만들고, 이 데이터를 기반으로 명제를 만드는 것을 바로 귀납적 추론이라고 해.

　그러니까 우리는 모두 귀납적 추론의 귀재야. 의자를 보고

"이건 의자야."라고 말할 수 있는 이유는 모양이나 색깔은 다 다르지만 수많은 의자를 보고 나서 사람이 앉을 수 있는 기능을 가진 가구를 '의자'라고 인식하기 때문이지. 고양이나 개도 마찬가지야. 무늬와 색깔, 크기는 모두 다르지만 "뾰족한 귀를 가진 얼룩무늬 동물은 고양이고, 꼬리를 마구 흔드는 저 갈색 동물은 개야."라고 하는 건 수많은 고양이와 개를 본 다음 각 동물의 특징을 머릿속에 담고 있다가 그렇게 생긴 동물을 보면 바로 고양이 또는 개라고 판단하기 때문이고.

우리 일상생활의 명제는 대부분 귀납적 추론을 통해 나와. 굳이 학교에서 배우지 않아도 자연스럽게 알 수 있는 게 많지.

이런 귀납적 추론 방식으로 인공 지능을 학습시킬 수 있어. 인간의 뇌처럼 빅데이터를 바탕으로 추론을 하는 게 바로 인공 지능인 거야.

그런데 이런 귀납적 추론 방식에는 허점이 있어. 데이터가 많지 않으면 결과가 달라질 수 있다는 거야. 지나가다가 우연히 들른 식당에서 밥을 먹었는데, 입맛에 안 맞았다고 해서 "이 지역 식당은 다 맛이 없다."라는 결론을 내도 괜찮을까? 또 외국의 어느 도시에 며칠 놀러 갔는데 계속 비가 오고 쌀쌀했다고 해서 "그 도시는 항상 춥고 을씨년스럽다."라는 명제를 뽑아내는 것이 옳은 걸까?

귀납적 추론의 정확도는 결국 데이터의 양에 달려 있어. 뉴욕이라는 도시로 여행을 떠나기 전, 여행 정보를 주변 사람들한테 물어볼 때 미국으로 8박 9일 여행을 다녀온 사람과 2년 동안 유학을 다녀온 사람 가운데 누구 말을 더 믿어야 할까? 당연히 2년 동안 머물며 공부한 사람의 말이 더 믿을 만하겠지?

이처럼 귀납적 추론 방식이 제대로 작동하려면 두 가지가 꼭 필요해. 하나는 데이터가 충분히 많아야 한다는 것, 또 하나는 컴퓨터가 아주 빨라야 한다는 거야. 그렇지 않으면 정확도가 낮아진단다.

인공 지능의 학습 방법, 머신 러닝

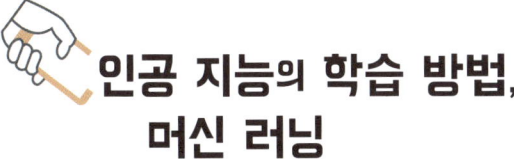

인공 지능도 학습을 해야 하는 거예요?

물론이야. 머신 러닝이나 딥 러닝 같은 기계 학습 방식을 통해 새로운 지식을 얻어내.

인공 지능도 힘들겠어요. 빅데이터를 다 공부해야 하니까요.

최근 인공 지능은 머신 러닝을 통해 한층 발전하고 있어. '머신 러닝'은 사람이 분석한 데이터를 컴퓨터가 학습해서 인공 지능의 성능을 향상시키는 기술이야. 여기에서 한발 더 나아간 방식인 '딥 러닝'은 사람이 데이터를 주지 않아도 인간의 신경 세포와 비슷하게 만든 인공 신경망으로 컴퓨터가 스스로 데이터를 분석해서 정보를 처리하는 기술을 말해.

좀 쉽게 설명해 줄게. 우리는 수많은 경험을 통해 저건 고양이고 저건 개라는 사실을 바로바로 알 수 있잖아? 그런데 인공 지능은 어떻게 고양이와 개를 구별할 수 있을까? 인공 지능이 개와 고양이를 구별하게 하기 위해서는 먼저 개와 고양이가 찍힌 사진 수만 장을 주면서 "이 사진은 개, 저 사진은 고양이."라는 것을 반복적으로 알려 줘. 그러면 인공 지능은 개의 특징을 분석하고, 고양이의 특징을 분석해서 이렇게 생긴 건 개고, 저렇게 생긴 건 고양이라는 결론을 내려. 그렇게 학습한 인공 지능은 새로운 사진 속에서도 그 안에 개가 있는지 고양이가 있는지 인식할 수 있어. 이게 바로 머신 러닝이야.

딥 러닝은 개와 고양이 사진을 수만 장 주고 스스로 개와 고양이의 차이를 분석하게 한 뒤 분류하는 방식이야. 이 방식은 인간

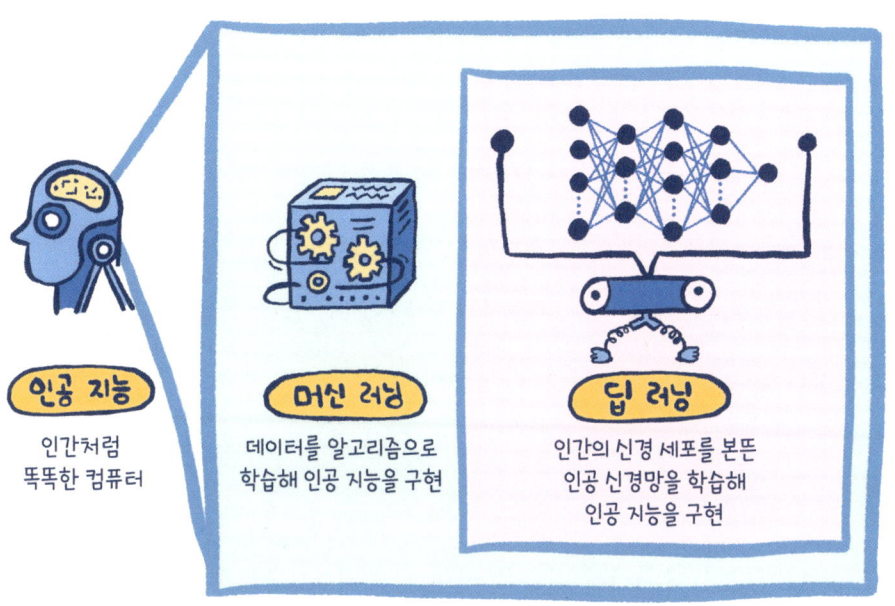

의 뇌를 모방한 거라고 해. 인간의 뇌는 1,000억 개의 신경 세포들이 복잡하게 연결되어 있는 구조를 갖고 있어. 이런 신경 세포들의 연결 구조는 외부의 자극에 의해 변화해. 수영을 전혀 못하던 사람이 강습과 연습을 통해 수영을 할 수 있게 되는 것처럼. 이럴 때 신경 세포의 연결망 구조가 근본적으로 변화하게 되는데, 수영을 못 했을 때의 뇌와 수영을 할 줄 아는 뇌는 구조적으로 달라. 여러 차례 수영 연습을 통한 반복적인 자극이 뇌의 구조적 변화를 가져온 거야.

수영뿐만 아니라 인간의 모든 학습은 이처럼 신경 세포의 네트워크 구조를 변화시켜. 새로운 노래 가사를 외우는 것도, 새로운 지식을 배우는 것도 모두 다 뇌의 변화를 통해서 가능하다는 소리지.

뇌의 이런 연결망을 모방해서 만든 것이 '인공 신경망'이야. 반복적 자극에 따른 뇌의 구조 변화를 통해 인간의 뇌가 학습하듯이, 컴퓨터에게 데이터로 계속 자극을 주어 스스로 똑똑하게 만드는 방법인 거지.

한마디로 계속해서 연습을 하면 사람의 뇌 구조가 바뀌면서 자전거를 타게 되거나 수영을 하게 되는 것처럼 컴퓨터도 데이터를 가지고 반복적으로 학습을 하는 거라고 보면 돼.

이미지를 분석하는 인공 지능

최근 인공 지능은 엄청난 양으로 빠르게 늘어나는 사진이나 영상 같은 이미지 데이터를 처리하는 데에서 실력을 발휘하고 있어. 이미지 데이터 분석 방법에 대한 연구는 수십 년 동안 이루어졌어. 그 덕분에 인공 지능도 이미지와 영상을 빠르게 인식하고, 특징에 맞게 분류하는 학습 능력을 갖추게 되었단다. 그뿐만 아니라 이미지를 직접 만들거나 변환시키는 능력도 급속도로 발전했지.

이런 가운데 가장 관심이 높은 건 바로 '이미지 인식'인데, 이미지에 뭐가 있는지를 알아내는 기술이야. 이 기술로 단순히 사진 한 장 속에 뭐가 있는지를 알아내는 것뿐만 아니라 자율 주행차에서 주변 사물을 인식하거나 사람의 얼굴을 파악할 수 있어. 병원에서 찍은 엑스레이나 MRI, CT 같은 영상을 분석해서 무슨 병이 있는지 알아낼 때도 이용되고.

인공 지능이 이미지를 인식하려면 먼저 무엇을 해야 할까? 해당 이미지가 어떤 것인지를 나누는 '분류' 작업이야. 이미지 속에 어떤 물체가 있는지, 이들의 위치 관계는 무엇인지를 먼저 대략적으로 구분하는 거지.

특히 얼굴을 알아내는 '안면 인식 인공 지능'은 이제 우리 생

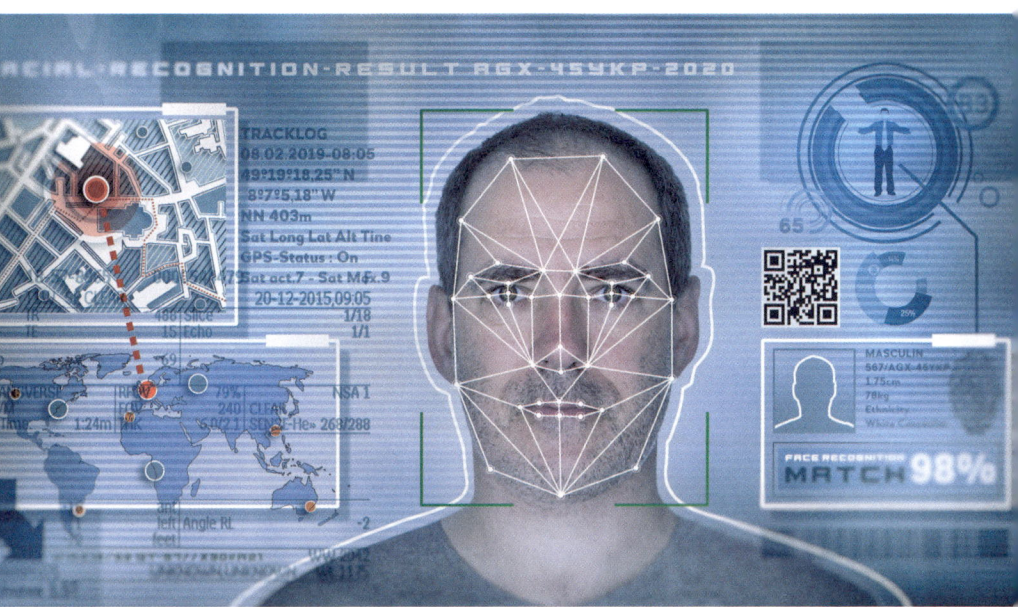

얼굴을 인식하는 인공 지능

활 곳곳에 사용돼. 휴대폰 잠금 장치를 풀 때 사용해 본 적 있지? 그런데 인공 지능은 어떻게 얼굴을 인식하는 걸까?

  인공 지능의 안면 인식 시스템은 여권 사진처럼 적당한 조명 아래 정해진 거리에서 카메라를 정면으로 보고 찍은 이미지를 검증된 이미지와 대조하는 방식이야. 외국에 나갈 때나 들어올 때 공항 같은 데서 주로 이용해.

  더욱 흥미로운 방식이 있는데, 조명이나 얼굴 각도도 다르고

안경이나 모자를 쓴 사람이 움직여도 얼굴을 인식할 수 있는 시스템이야. 이런 안면 인식 시스템은 얼굴 뼈로 얼굴의 모델을 재구성하는 방식을 이용해 사람 얼굴을 알아보기 때문에 조명이 어둡거나 해상도가 낮아도 사용할 수 있지.

인공 지능은 이런 이미지 인식 기능뿐만 아니라 스스로 이미지를 만들거나 변환하는 능력까지 갖추고 있어. 내가 그린 그림을 반 고흐의 〈별이 빛나는 밤〉 스타일이든 뭉크의 〈절규〉 스타일이든 원하는 대로 바꿔 주기도 하고, 캔버스에 그림을 그리면 진짜 사진 같은 이미지를 만들어 내기도 해. 현실에 존재하지 않는 이미지를 만들기도 하고, 그림에 색을 입혀 주기도 하지.

인공 지능은 이미 이미지의 세계에서 많은 일을 하고 있어. 사람의 얼굴을 인식할 수 있을 뿐만 아니라 감정까지 분석하고 있지. 또 인공위성에서 찍은 사진으로 세계 곡창 지대 작물의 색 변화를 인식해서 식량 생산량을 미리 예측하기도 하는 등 정말 많은 분야에서 다양하게 활용되고 있단다.

텍스트를 분석하는 인공 지능

   텍스트 즉, 어떤 문서에서 인사이트를 끌어내기 위해서는 그 문서가 무엇에 관한 것이며 글쓴이가 어떠한 의도로 쓴 글인지 이해해야 해. 먼저 가장 단순한 방법부터 생각해 볼까? 데이터 사이언티스트라면 문서에 등장하는 단어의 수를 세어 이를 시각화하는 것만으로도 해당 문서의 의미를 직관적으로 이해할 수 있지.

   오른쪽 이미지는 미국에서 영화 〈쇼생크 탈출〉 리뷰에 많이 등장하는 단어를 뽑아서 등장 빈도에 비례하는 크기로 그려 본 거야. 이런 걸 워드 클라우드라고 해. 이 이미지를 자세히 보면 shawshank(쇼생크), andy(앤디-주인공 이름), time(시간),

prison(감옥) 등의 단어들이 눈에 띄어. 영화를 안 본 사람도 이 글자만 보면 주제나 소재를 쉽게 짐작할 수 있지.

　이처럼 문서 하나를 분석할 수도 있고, 문서 여러 개를 분석할 수도 있어. 그런데 문서가 여러 개일 때는 어떻게 분석해서 묶으면 좋을까?

　가장 많이 쓰이는 방법은 먼저 각각의 문서를 분석하고, 각 문서에 등장하는 단어들을 살펴서 비슷한 문서들끼리 묶어 주는 분석이야. 이렇게 문서를 분류하기 위해서는 먼저 문서를 숫자화해야 해. 문서를 숫자화하는 가장 단순한 방법은 각 문서에 등장하는 단어들을 놓고, 그 아래 등장 횟수를 적는 방법이야. 즉

영화 〈쇼생크 탈출〉의 리뷰에 등장하는 단어들의 워드 클라우드

문서에 어떤 단어가 몇 번 등장했는지를 세기만 하면 되는 거야.

아래 표를 보면, 1번 문서에서는 '페널티 킥', '코너킥', '골'과 '오프사이드'는 한 번, '손흥민'은 두 번 등장해. 이 기사는 '111120…'이라는 코드*로 바꿀 수 있어. 2번 문서는 '212210…'으로 코딩*되는데 1번 문서와 동일한 단어가 비슷하게 등장했어. 그러나 3번 문서에는 1, 2번에 등장했던 단어들은 전혀 등장하지 않고, '류현진'이 세 번 등장해. 이 문서는 '000003…'으로 코딩돼.

단어 문서 번호	페널티 킥	코너킥	골	오프사이드	손흥민	류현진	…
1	1	1	1	1	2	0	
2	2	1	2	2	1	0	
3	0	0	0	0	0	3	

기사에 등장하는 단어의 수를 이용한 문서의 숫자화

이제 우리는 단어의 등장 횟수 코드만으로도 1, 2번 문서가 유사하고, 3번 문서는 완전히 다른 내용의 문서라는 것을 유추

---

*코드: 컴퓨터가 이해할 수 있는 언어.
*코딩: 코드를 이용해 어떤 명령을 컴퓨터가 이해할 수 있게 프로그램을 만드는 과정.

할 수 있어. 기사의 단어만 놓고 보면 공통되는 게 하나도 없으니까 완전히 다른 문서로 분류돼. 축구 기사에 등장하는 단어와 야구 기사에 등장하는 단어가 다르니까 이러한 단어 기반의 코딩을 사용하면 스포츠 기사를 축구, 야구, 농구 기사로 군집화하거나 분류할 수 있어.

이런 방식을 활용하면 특정 뉴스를 본 사람한테 그와 유사한 뉴스를 계속 추천해 줄 수 있지. 손흥민 관련 기사에 관심 있는 사람에게 류현진 관련 기사는 추천하지 않는 거야.

인공 지능은 텍스트 데이터에 담긴 정서도 분석할 수 있어. 정서 분석은 문서가 칭찬인지 비난인지를 분류하고, 칭찬이면 어느 정도의 칭찬인지를 수치로 정량화하는 거야.

다음은 TV 구매사의 제품 리뷰야.

"이 TV는 대단하다. 크기도 크고, 영상은 훌륭하며, 조작도 편리하다. 부팅할 때와 끌 때에 귀여운 노래도 나온다. 반면 43인치 TV가 USB에 들어 있는 영상을 틀지 못하는 점을 지적하고 싶다. 이건 정말 짜증 나는 건데, 왜 냐하면 내가 새 TV의 기능 가운데 가장 크게 기대한 것이기 때문이다."

'대단하다', '크고', '훌륭하며', '편리하다' 같은 긍정적인 단어와 '지적하고', '짜증 나는' 같은 부정적인 단어를 미리 사전으

로 만들어 두었다가 제품 리뷰를 보면서 수를 셀 수 있어. 그러면 칭찬이 4회, 비난이 2회 발생한 것을 알 수 있지. 이 경우 칭찬 횟수가 많기 때문에 전체 문서를 칭찬으로 분류해.

하지만 단순히 숫자를 세는 방법은 문제가 있어. 앞에 나온 리뷰처럼 횟수보다 강도가 훨씬 셀 때도 있거든. 또 단어가 맥락에 따라 다르게 쓰이는 것도 이해하지 못해. 단어는 맥락에 따라 의미가 달라지기 때문이지. '정말 자그마하다.'라는 문장에서 '자그마하다'가 좋은 의미인지 나쁜 의미인지는 맥락에 따라 달라져. USB가 작으면 칭찬이지만, TV가 작으면 칭찬이 아니기 때문이야. '예측 불허'라는 단어도 영화평에서 '스토리 전개가 예측 불허네요.'는 칭찬이지만, 새 차에 대한 상품평에서 '핸들이 좀 예측 불허네요.'는 칭찬이 아니니까.

이처럼 일반적인 좋고 나쁨과 특정 분야에서의 좋고 나쁨은 다를 수 있기 때문에 용도에 맞는 사전을 마련해야 해. 하지만 때마다 다른 사전을 마련한다는 것은 쉽지 않단다.

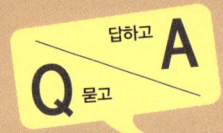

챗GPT가 뭐예요?

최근에 인공 지능을 활용한 놀라운 서비스 하나가 전 세계의 주목을 끌고 있어. 바로 챗GPT로, 미국의 인공 지능 회사 오픈에이아이(Open AI)에서 발표한 생성형 인공 지능이야. 생성형 인공 지능은 사용자의 요청을 문장으로 입력했을 때 답으로 문장이나 문단, 이미지, 음악 등이 출력되는 걸 뜻해. 이와 다르게 비생성형 인공 지능은 이미지 안에 어떤 물체가 있는지 인식하거나 글자 또는 숫자를 인식하는 방식이라 '사람' 또는 '3' 이런 식으로 답이 출력되지.

챗GPT는 이런 생성형 인공 지능을 채팅을 하는 데 가장 적합하게 변형한 거야. 사람들에게 직접 어떤 답이 가장 '사람다운가'를 평가하게 하고, 이걸 추가로 학습하게 해서 주고받는 말에 적합하도록 만들었지.

챗GPT에서 챗(chat)은 '이야기를 나누다'라는 뜻이고, GPT는 '생성형 사전 학습 변환기(Generated Pre-trained Transformer)'의 앞 글자를 딴 거야. 수많은 문서를 학습하게 해서 질문을 입력하면 거기에

적절한 답변이 나오도록 만들었어. 가장 최근에 나온 GPT-4는 책, 논문, 웹사이트, SNS, 위키피디아 등에서 추출한 45기가바이트의 문서로 학습을 했어. 또 이전 버전의 챗GPT는 문장만 입력 받았는데, GPT-4 버전은 이미지도 함께 입력 받을 수 있어. 그 덕분에 논문 작성과 번역, 코딩 작업까지 넓은 분야의 업무를 수행할 수 있지. 글을 쓰거나 대화의 맥락을 정확하게 파악해 잘못된 걸 지적할 수도 있고.

생성형 인공 지능으로 '달리 투(DALL-E 2)'와 '스테이블 디퓨전(Stable Diffusion)'도 있어. 이 인공 지능들은 입력된 표현에 맞는 이미지를 그려 줘. 예를 들어 "수영복을 입고 주스를 마시며 구름 위에 한가롭게 누워서 헤드폰으로 음악을 듣고 있는 선글라스 쓴 보라색 돼지를 그려 줘." 하면 바로 여기에 딱 맞는 그림을 그려 주는 거야. 이 밖에 동영상을 만들어 주거나 작곡을 해 주는 인공 지능도 있지.

챗GPT는 앞으로 구글 검색을 대체할 거라고 해. 앞으로 이런 서비스가 어디까지 발전할지 지켜보는 것도 정말 흥미롭겠지?

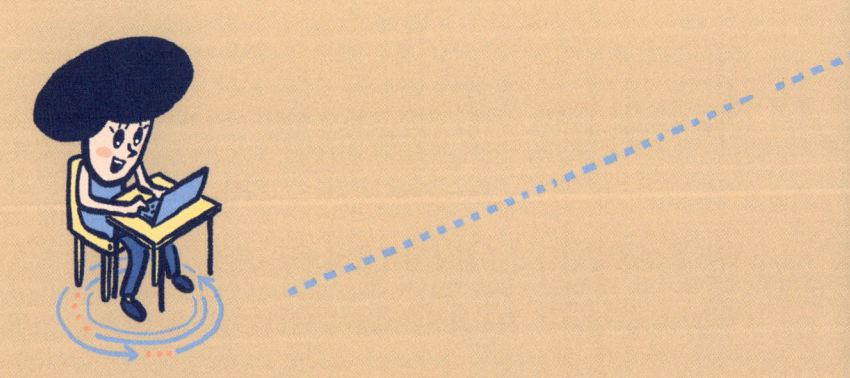

6장 빅데이터로 만드는 가치

- 만족스러운 제품 설계
- 생산의 최적화
- 정확한 품질 예측
- 성공적인 마케팅
- 새로운 서비스 개발
- 한발 앞선 미래 예측

만족스러운 제품 설계

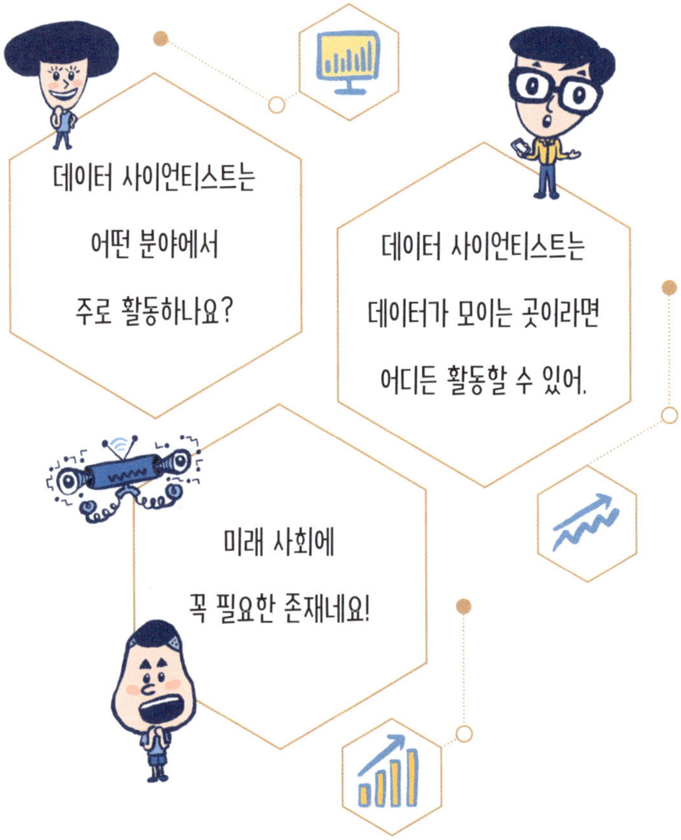

데이터 사이언티스트는 어떤 분야에서 주로 활동하나요?

데이터 사이언티스트는 데이터가 모이는 곳이라면 어디든 활동할 수 있어.

미래 사회에 꼭 필요한 존재네요!

나 같은 데이터 사이언티스트가 활동하는 분야는 한계가 없어. 제품 기획과 설계, 제조·생산, 신규 서비스 개발, 영업 마케팅, 리스크 관리, 금융, 인사 관리까지 아주 다양해. 지금부터 데이터 사이언티스트가 사회 각 분야에서 어떤 인사이트를 만들어 내는지 구체적인 사례를 소개해 볼게.

최근 빅데이터를 가장 많이 활용하는 분야는 어딜까? 바로 상품이나 서비스 기획 분야야. 나는 국내 한 전자 회사의 의뢰를 받아 그들의 제품을 소비자들이 어떻게 생각하는지 온라인상에서 조사한 적이 있어. 먼저 이 회사에서 만든 다섯 가지 스마트 가전에 대해 분석을 했지. 이때 소비자들이 SNS에 올린 글이 데이터가 돼. 블로그나 트위터에는 각종 가전제품에 대해 소비자들이 올린 글이 많거든.

예전에는 소비자의 목소리를 듣기 위해서는 소비자를 직접 만나거나 설문 조사를 해야 했어. 무엇을 좋아하는지, 제품을 얼마나 자주 쓰고 오래 썼는지, 다른 기능이 추가된 신제품이 나오면 살 생각이 있는지, 가격이 얼마면 사겠는지 등 제품에 대해 많은 질문을 던지고 답을 받았지. 사람을 직접 만나면 그 사람의 감정을 바로 이해하고 소통할 수 있는 장점도 있지만,

때때로 사람들이 질문을 잘 이해하지 못하거나 귀찮아서 대충 대답한다는 단점도 있었어. 게다가 조사 비용이 높고, 기간도 오래 걸리지.

그런데 SNS를 통해 빅데이터를 분석하면 이런 단점을 대부분 극복할 수 있어. 소비자들이 자발적으로 신제품에 대한 아주 구체적인 사용 후기를 자신의 SNS에 올리거든. 전자 제품을 구매하려는 소비자들은 여러 SNS나 쇼핑몰에 접속해 상품평을 읽어. 따라서 해당 기업이 그 누구보다도 먼저 소비자의 목소리를 들으려면 상품평을 체계적으로 분석해야 해. 그래서 나는 상품평 데이터에서 인사이트를 뽑아냈어.

여러 가지 전자 제품 가운데 전기 오븐의 경우, 사람들 대부분이 제대로 활용하기 어렵다고 했어. 가스 오븐보다 훨씬 설치하기 쉽고, 빵이나 과자를 구울 수도 있지만 사용하기 어려워서 단순히 음식을 데우는 용도로만 쓰고 있다고 했어. 차라리 비싼 전기 오븐 대신 저렴한 전자레인지를 살걸 후회했지. 왜 이런 일이 벌어졌을까?

그래서 사람들이 소셜 미디어에 오븐이라는 단어를 쓸 때 함께 쓰는 단어가 무엇인지를 살펴봤더니 집, 마트, 맛, 엄마, 아이, 간식, 정성, 실패, 귀찮음 등과 같은 단어들이 나왔어.

엄마들은 아이한테 손수 빵과 과자를 만들어 먹이려고 전기 오븐을 사. 그런데 조리 과정에서 자꾸 실패하니 괜히 샀다고 후회하는 거였어. 베이킹에 성공하면 계속 만들게 되고, SNS에도

올리고, 주변 사람들한테도 좋다고 사라고 할 텐데 계속 실패하니까 안 쓰게 되고 누가 산다고 하면 사지 말라고 하는 거였지.

나는 왜 베이킹에 실패가 많은지에 대한 인사이트를 찾아보기로 했어. 레시피대로 따라 해도 실패한다는 글들이 많이 있었어. 그 원인이 무엇인지 엔지니어들과 만나 이야기해 보고 나서 그 원인을 찾았어. 전기 오븐은 브랜드마다 같은 음식을 할 때도 조리 온도와 조리 시간이 조금씩 달라. 그래서 인터넷에 올라온 누군가의 레시피를 그냥 따라 하게 되면, 오븐 브랜드에 따라 실패할 가능성이 생겨. 오븐 세팅이 달라서 제대로 요리가 되지 않는 거지.

나는 이 회사 오븐에 딱 맞는 레시피를 개발해서 누구나 볼 수 있도록 인터넷에 올릴 것을 제안했어. 한국인이 좋아하는 빵과 과자 100가지 정도를 말이야. 그런 다음 전기 오븐을 인터넷에 연결해서 치즈케이크 레시피의 조리 세팅이 내 오븐에 자동으로 설정되게 했어. 그 뒤로 전기 오븐은 정말 스마트한 가전이 되었단다.

생산의 최적화

데이터 사이언티스트는 생산을 최적화하는 데 필요한 인사이트를 제공하기도 해. 불필요한 이동을 줄여서 가장 적은 비용으로 생산을 하게 한다는 뜻이야. 선박 조립 물류를 예시로 생산의 최적화가 무엇인지 자세하게 들려줄게.

큰 배를 만들 때는 배를 한꺼번에 만드는 게 아니라 전체를 200개의 블록으로 나누어서 각각을 완성한 다음, 최종 단계에서 하나로 합쳐. 레고 블록을 조립하는 것과 비슷하지. 이 블록들은 축구장 십여 개 크기의 거대 조선소 안에 있는 여러 공장을 돌아다니면서 완성이 되는데, 이때 블록은 트랜스포터라는 특수한 차로 6,000번이나 이동을 한다고 해.

문제는 수십 척의 선박을 동시에 조립하다 보니 각 공장에서는 작업이 필요한 블록들이 대기하게 돼. 공간이 부족하면 공장에서 멀리 떨어진 별도의 대기 공간인 적치장에서 기다려야 하지.

배를 만드는 조선소가 아무리 넓어도 한정된 공간에서 많은 선박을 조립하다 보면 늘 시간에 쫓겨. 정해진 날짜에 배를 완성하지 못하면 하루 늦어질 때마다 수억 원씩 배 주인에게 물어 줘야 하거든. 그래서 나는 각 블록이 언제 얼마나 공장에서 대기하는지에 대한 인사이트를 뽑아서 도움을 주려고 했어. 이를 위해 어떤 데이터를 사용해야 할까?

트랜스포터가 A에서 B로 이동하는 경우 출발과 도착 지점, 출발과 도착 시각, 블록 번호 등을 기록해. 여기에 다양한 분석 기법을 적용해서 블록들의 이동 패턴을 분석했어. 도출된 인사이트는 다음 그림과 같아.

블록은 도장 공장, 전처리 공장, 조립 공장, 조립 검사장, 의장 공장 등을 돌아다니는데, 거의 모든 블록이 대부분 적치장에 머무르고 있다는 인사이트를 찾았어. 여기서 오래 대기하는 탓에 완성 시간이 길어질 수밖에 없다는 것을 명확하게 보여 준 거지.

나한테 분석을 의뢰한 업체는 회사를 세운 이후 처음으로 이

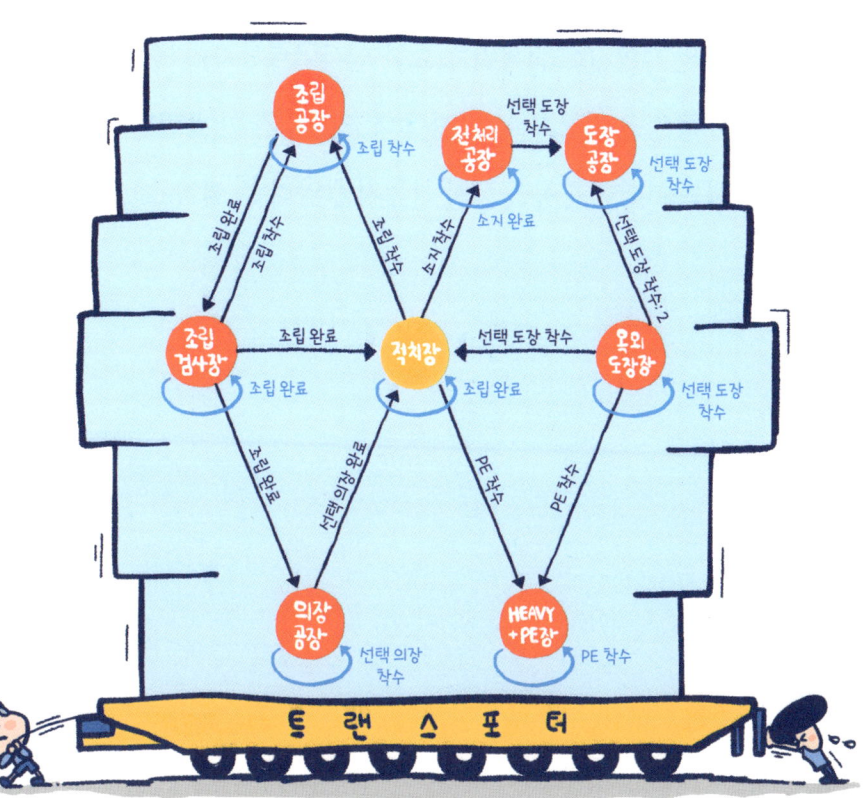

런 내용을 알게 되었다고 해. 블록 조립 공정에서 대기 시간이 길다는 것은 알고 있었지만 정확하게 시간을 얼마나 낭비하고 있는지 구체적인 수치로 본 적은 없다고 했어.

이처럼 구체적인 숫자, 예를 들어 특정 선박을 만들려면 410일이 걸리는데 그 가운데 적치장에서 보낸 시간이 무려 157일이라는 사실은 경영진한테 무척 중요한 인사이트였지. 나는 회사가 앞으로 공정을 최적화하고, 배를 더 짧은 시간 안에 만들어 내기 위해서는 어떠한 행동을 해야 하는지를 알려 준 셈이야.

# 정확한 품질 예측

미국 라스베이거스에 있는 백화점에서는 프랑스 보르도에 있는 샤토 마고 포도주 양조장에서 생산한 최상급 포도주를 2006년산은 450달러에, 2009년산은 1,450달러에 팔아. 3년밖에 차이가 나지 않는데 왜 이렇게 가격 차이가 크게 날까?

그 이유는 포도주를 언제 생산했느냐에 따라 품질이 크게 차이 나기 때문이야. 품질에 영향을 미치는 핵심 요인은 날씨인데, 2009년의 날씨가 2006년의 날씨보다 포도의 품질에 더 적합했거든.

잠시 프랑스 최고급 포도주의 생산 과정을 살펴보자. 포도는 봄부터 늦은 여름까지 밭에서 자라. 그 뒤 수확한 포도를 오크

통에서 6개월 동안 발효시킨 다음, 병에 넣어 다시 1년 6개월 정도 보관하다 판매하지.

로버트 파커 같은 유명한 포도주 평론가들은 보통 이듬해 봄, 그러니까 전체 과정의 중간 단계쯤에 보르도를 방문해서 직접 맛을 본 뒤 해당 포도주의 품질을 점수로 매겨. 이들의 평가는 소비자들의 수요와 포도주 가격에 영향을 미쳐.

그런데 아센펠터라는 프린스턴 대학의 교수는 포도주의 품질 예측을 혀가 아닌 데이터로 시도했어. 혀끝의 감으로 평가하는 포도주 평론가를 향해 데이터 평가라는 도전장을 내민 거지.

맛을 보지 않고서도 포도주의 품질을 알아낼 수 있다고요?

그래, 객관적인 수치로 예측할 수 있지!

아셴펠터 교수는 프랑스 기상청으로부터 기온, 햇볕의 양, 강수량 데이터를 확보했어. 그리고 30년 동안 보르도에서 생산된 포도주의 평균 가격을 계산했어. 그런 다음 과거 30년 동안의 매년 날씨 데이터와 가격 데이터를 일대일로 놓고 단순한 예측 분석 방법을 적용했어. 찾아낸 인사이트는 전년도 겨울에 눈이 많이 올수록, 여름에 더울수록, 수확할 때 비가 적게 내릴수록 포도주의 품질, 즉 가격은 높아진다는 거야.

전문가는 포도를 수확한 후 6개월 정도 지나고 어느 정도 포도주가 숙성되어야만 맛을 보고 판단할 수 있지만, 예측에 필요한 데이터는 수확하는 그해 가을에 모든 값이 나오므로 6개월 먼저 품질을 예측할 수 있지. 사실 보르도 주민들은 이런 인사이트가 아니라도 올해 포도주의 품질을 알고 있을 거야. 하지만 어느 정도로 좋은 건지 사람마다 기준이 다르겠지. 반면 데이터는 객관적이고 정확한 수치를 제공해.

반도체를 만드는 공정도 포도주를 만드는 것과 비슷한 면이 있어. 반도체는 무려 500개의 공정을 거치는데, 각 공정에서의 온도, 습도, 압력, 다양한 기체의 농도, 전압 값들이 센서에 의해서 측정되고 데이터로 저장돼. 각 공정에서 생성된 데이터를 기반으로 그 공정에서 생산될 제품의 품질을 예측하는 것은 보르도 포도주의 미래 가치를 예측하는 것과 비슷해. 이렇게 각 공정에서 빅데이터로 제품의 품질을 예측하고 검사를 대신하는 것은 제조업에서 아주 중요한 가치를 만들어 내고 있어. 이를 '인더스트리 4.0'이라고 하고, '스마트 팩토리'라고 부른단다.

성공적인 마케팅

지금부터는 생산된 제품을 판매하는 마케팅 분야에서는 빅데이터가 어떤 가치를 만들어 내는지 살펴보자.

카드 회사의 우수 고객은 어떤 사람이냐고 물었을 때, 한두 마디로 대답할 수 없을 거야. 그래서 전체를 여러 조각으로 나누고, 각 조각에 대해 깊이 관찰하고 이해하는 방식을 취해. 이런 걸 '시장 세분화'라고 해. 전체 고객을 유사한 그룹으로 나누어 각 그룹을 깊이 이해하고자 하는 거야.

국내 A카드사의 시장 세분화를 예로 들어 보자. 카드사는 우수 고객 30만 명을 골라 이들에 대해서 시장 세분화를 했어. 그러니까 고객을 여러 가지 기준에 따라 세밀하게 나눈 거야. 첫째는 고객들의 나이, 가입 시기, 성별 같은 인구 통계야. 둘째는 카드를 얼마나 많이 썼고, 어떤 금융 상품을 썼는지 등 1년 동안의 사용 실적이야. 셋째는 카드를 어느 가게에서 어떤 물건을 사는 데 썼는지 등이었어.

이렇게 세분화한 첫 번째 조각은 다양한 업종에서 많은 금액을 쓰는 VIP 회원이었어. 이들은 다른 카드사에서 현금으로 돈을 빌리는 서비스를 많이 받는다는 특징이 있었어. 그렇다면 A카드사는 이들에 대한 마케팅 방향을 어떻게 잡아야 할까? 당연히 A회사 카드로도 현금을 빌리는 서비스를 받게 유도하는 마케팅을 해야겠지?

이처럼 해당 조각의 특성을 알면 그 조각에 어떤 마케팅 전략을 가지고 접근해야 하는지를 정확히 알아낼 수 있어. 인사이트가 없으면 절대 구체적인 액션은 나올 수 없지.

이번에는 세계적인 인터넷 쇼핑몰 아마존을 한번 볼까? 마케팅의 주요 수단이 된 개인 맞춤형 추천은 온라인에서 활발하게 이루어지고 있어. 한 번 물건을 구입한 고객에게 자동으로 제품을 추천하는 방식이야. 아마존은 여기서 멈추지 않고 고객이 구매하기 전에 소포를 보내는 아주 앞선 마케팅을 준비하고 있어.

예를 들어 고객이 3일 내내 밤마다 아마존에 들어가서 시계 하나를 들여다본다고 하자. 그러면 아마존은 고객이 시계를 사고 싶지만, 비싸서 망설이고 있다는 것을 짐작할 수 있어. 아마존은 과거 이 고객이 구매한 이력을 보고 시계를 살 만한 경제력이 된다고 판단되면 그 시계를 드론에 태워서 고객한테 보내. 원치 않으면 반품하라는 안내문도 함께 말이야. 이게 지금 아마존이 추진하려는 예측 배송이야. 무엇을 좋아하는지, 구매 능력이 있는지 등 고객에 대한 정보를 가지고 있기 때문에 가능한 일이지.

이와 같은 일대일 추천 방식은 상품은 물론 영화나 운동 등 여러 영역에 걸쳐 가능해.

마케팅 전문가들은 더 이상 소비자들에게 직접 묻지 말아야 해. 이제 소비자는 물어볼 대상이 아니라 관찰의 대상이야. 그들이 남긴 기록이나 행동을 관찰하는 것이 훨씬 정확한 예측을 가능하게 하니까 말이야.

# 새로운 서비스 개발

 최근 몇 년간 가장 성장세가 높은 사업 분야는 플랫폼 사업이야. 플랫폼은 원래 기차나 버스를 타고 내리는 승강장이라는 뜻이야. 그런데 지금은 다양한 물건이나 서비스를 한곳에서 팔기 위해 공통적으로 사용하는 공간을 지칭해. 예를 들어 음식을 배달시키려면 예전에는 중국집이나 피자집에 띠로띠로 전화를 해야 했거든. 하지만 지금은 배달의 민족이나 요기요, 쿠팡이츠 같은 각종 플랫폼 앱에 접속해서 음식 주문을 하잖아?

 그러니까 플랫폼은 생산자와 소비자를 연결시키는 일종의 시장이야. 플랫폼 자체는 생산이나 구매를 하지 않고, 오로지 중간자 역할만 해. 이런 플랫폼에는 소비자가 몰려와야만 시장이

형성되는데, 이때 소비자를 끌어당기는 힘이 바로 빅데이터야.

 플랫폼이 성공하려면 많은 정보가 잘 정리되어 있어서 소비자가 꼭 방문하고 싶은 곳이어야 해. 앞서 말한 음식 배달 플랫폼 외에도 아마존이나 쿠팡 같은 인터넷 쇼핑몰, 전 세계 숙박업체가 모여 있는 호텔스닷컴, 승객과 운전기사를 연결하는 우버 같은 업체가 대표적이야.

 아마존에는 제품마다 고객들의 제품 평가 및 만족도 별점이 표시되어 있어. 사람들은 다른 구매자들의 평점과 구매 후기를 참조해서 구매를 결정하지. 호텔스닷컴에 나의 여행 일정을 넣으면 여행지 숙박업체의 등급과 가격이 순식간에 눈앞에서 주르륵 정리돼. 또한 기존 숙박객들의 이용 후기가 달려 있어서 그걸 읽고 숙소를 선택할 수 있지.

 스마트폰 앱을 통해 승객과 운전기사를 연결해 주는 '우버'는 우리나라의 카카오택시와 비슷하지만 택시는 아니야. 택시 기사가 아니라 일반인이 기사라는 점, 승객이 차에 타고 나서야 기사한테 목적지 정보가 전송된다는 점이 택시와 달라. 그 때문에 기사의 승차 거부가 불가능해. 또 기사도 승객에 대한 다른 기사들의 평점을 보고 미리 승차 거부를 할 수 있어. 문제를 일으킬

만한 고객을 피할 수 있는 거지. 이런 플랫폼이 갖는 가치의 핵심에는 바로 빅데이터가 있어.

한발 앞선 미래 예측

앞으로 세계 경제는 어떻게 될까?

예언가도 아닌데, 그걸 어떻게 알아요?

빅데이터로 그런 것도 알 수 있나요?

전 세계 모든 나라에는 그 나라의 통화 정책을 총괄하는 중앙은행이 있어. 우리나라는 한국은행이, 영국은 영국은행이 중앙은행이야.

각 나라의 중앙은행 총재들은 전 세계를 다니면서 세계 경제에 대해 연설을 하는데, 이 연설 내용을 모두 문서화한 것이 국제 결제 은행에 있어. 2001년부터 2013년까지 약 13년 치 연설문을 가져왔더니 그 수가 무려 8,868개나 되었지.

우리 연구팀은 이 문서를 인공 지능에게 읽고 요약해 달라고 했어. 이때 택한 요약 방법은 전년 대비 사용 횟수가 갑자기 증가한 단어를 찾는 것이었지. 우리는 2004년부터 2013년까지 중앙은행 총재들이 전년 대비 공통적으로 많이 사용한 단어들을 찾아보았어.

2004년의 경우 확실히 나라마다 자기의 관심이나 처한 상황에 따라 다른 단어들을 쓰는 것으로 나타났어. 또한 공통적으로 '지속 가능성'이란 단어가 많이 등장했지. 2005년이 되면 중국과 인플레이션이라는 단어가 공통적으로 많이 등장했어. 2007년에는 미국의 주택 담보 대출 상품인 '서브프라임 모기지'라는 단어가 공통으로 등장했고. 이어서 등장하는 단어는 '압류'였어. 자기 집에서 쫓겨나는 불행한 일이 일어난 거야. 그리고 2008년 9월에 세계 금융 위기가 일어났어. 당시 미국에서 일어난 금융 위기로 우리나라 원 달러 환율은 몇 달 사이에 갑자기 1,600원까지 치솟았고, 미국 월가의 대표적 투자 은행인 리먼 브라더스가 파산을 했지. 미국의 금융 시스템이 붕괴하면서 우리나라뿐만 아니라 전 세계에 엄청난 파급 효과를 일으켜 대량 실직자를 만들었어.

연설문 분석이 보여 주는 놀라운 인사이트는 중앙은행 총재들이 세계 금융 위기가 일어나기 전해인 2007년에 이미 이러한 위험에 대해 연설을 하고 다녔다는 사실이야. 진작 이런 분석을 했다면, 금융 위기를 맞기 전에 최소한의 방어 액션이라도 취할 수 있었을 텐데 참 안타깝더라고.

2008년에는 혼란, 압류 같은 단어가, 2009년에는 위기라는 단어가 증가했어. 그러다가 2010년이 되면서 개혁과 회복이라는 단어가 많이 등장하는데, 금융 위기로 주가가 폭락했다가 다시 회복한 때가 2011년이야. 즉 실제로 경제가 회복되기 1년 전에 이미 중앙은행 총재들은 경제 회복에 대해 연설하고 다녔다는 거지.

따라서 기업이나 한국은행 같은 중요한 기관에서 관련 자료를 체계적으로 분석하는 것, 이것이야말로 인사이트를 얻는 최고의 길이라고 생각해. 인사이트를 보고 어떤 액션을 취하느냐 하는 것은 각자의 관점과 역할에 따라 달라져. 한국은행, 우리나라 정부와 기업, 개인이 다 다르지.

중요한 건 이런 분석을 지속적으로 수행해서
인사이트를 도출하고 적절히 행동하면
위험을 줄일 수 있다는 거야.

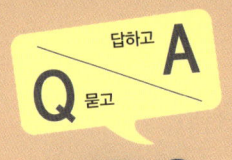

빅데이터를 이용해 혁신을 이룬 사례가 있나요?

빅데이터를 이용해 좋은 결과를 가져온 사례 가운데 하나는 서울시 심야 버스 노선 결정이야. 휴대폰 통신사의 통화 기지국 위치 데이터, 가입자 주소 데이터, 스마트카드를 통한 택시 승하차 데이터, 노선 부근 유동 인구 데이터 등을 확보해 잘 조합한 덕분에 최적의 심야 버스 노선을 결정할 수 있었어.

또 조류 독감의 일자별 확산 데이터를 지도상에 시각화해서 독감이 도로를 따라 확산된다는 인사이트를 도출하기도 했어. 이전에는 조류 독감의 원인이 철새이고, 철새가 돌아다니면서 병원균을 옮긴다고 알려졌었거든. 그런데 기존의 생각과 정면으로 배치되는 인사이트가 나온 거야. 결국 최초 발병 원인은 철새일지 몰라도 확산은 차량이라는 걸 알게 되었지. 이러한 인사이트를 기반으로 가축 방문 차량의 통행을 금지함으로써 조류 독감의 확산 방지에 큰 힘이 되었어.

네팔의 지진이나 시에라리온의 에볼라 바이러스 등과 같은 재해는 국가 및 국제 사회에 막대한 손실을 초래해. 이런 재해로 인한 손실을

줄이는 데는 무엇보다 초기 대응이 중요하단다. 데이터 중심의 재난 대비 노력은 현재 그 성과가 아주 눈에 띄어. 네팔의 오픈 데이터 활동가들은 누구나 접근 가능한 오픈 데이터를 바탕으로 지금 당장 도움이 필요한 지역을 정확히 파악해 가장 효과적으로 구호 노력을 기울였어. 그 덕분에 도움이 절실한 사람들에게 재빠르게 도움의 손길을 제공할 수 있었지. 이런 일들을 통해 우리는 데이터의 힘을 다시금 느낄 수 있었단다.

에필로그

데이터 사이언티스트는 데이터를 우리나라가 IT 분야에서 한발 앞서 나가기 위해 꼭 필요한 재료라고 생각해. 그런데 지금 우리나라는 데이터를 풍부하게 활용할 수 있는 환경일까? 안타깝게도 그렇지 않아. 지금 우리나라의 데이터 사이언티스트는 데이터에 목말라 있어. 엄청나게 많은 양의 데이터가 필요하지만 그만큼 충족되지 못하고 있기 때문이야. 빅데이터 시대에 빅데이터가 많이 필요하다니, 이게 무슨 뜻일까?

인터넷과 스마트폰 보급률이 높은 우리나라는 곳곳에서 데이터가 넘쳐 나고 있어. 하지만 데이터가 각종 법적 규제로 묶여 있어서 데이터를 모으는 게 쉽지 않아. 우리나라에는 개인정보보호법, 신용정보보호법, 정보통신망법이 있어서 개인 정보를 철저하게 지키고 있거든. 개인이 신용 카드로 어떤 물건을 구매했는지 또는 어디에서 전화를 하고, 얼마만큼 통화를 하는지 등 개인과 관련한 데이터를 이용하는 게 불가능하지.

이와 같은 법적 규제로 데이터의 이동이 자유롭지 않을뿐더러 공공 기관 간, 기업 간, 부서 간에 데이터를 공유하지 않는 문화도 있어. 데이터가 부실한 게 다른 부서에 공개되는 게 부담스러울 수도 있고, 힘들게 모은 데이터로 남 좋은 일을 시키고 싶지 않다는 심리도 작용하기 때문일 거야.

이런저런 이유로 데이터 사이언티스트가 확보할 수 있는 데이터는 그렇게 많지 않아. 그렇다고 현실이 어둡기만 한 것은 아니야. 우리

정부는 수년 전부터 민간에서 사용할 수 있게 데이터를 개방하고 있거든. 공공 데이터 포털(data.go.kr)에 가면 다양한 정부 데이터가 공개되어 있어서 누구나 그 데이터를 활용할 수 있지. 아직 턱없이 부족한 수준이긴 하지만.

또 2020년 빅데이터 산업 개발에 걸림돌이 되었던 개인정보보호법, 신용정보보호법, 정보통신망법을 개정한 '데이터 3법'이 국회를 통과하면서 중복 규제를 없앴어. 그 덕분에 4차 산업 혁명에 맞춰 개인과 기업이 정보를 활용할 수 있는 폭을 넓힐 수 있게 되었지. 공공 데이터와 개인 정보를 적극적으로 활용할 수 있게 된다면 데이터 사이언티스트 입장에서는 데이터 가공업과 데이터 산업 자체가 활성화되어서 더없이 좋을 거야.

그런데 데이터의 주인은 누구일까? 사실상 빅데이터는 공공 기관이나 기업이 소유하고 있어. 정부는 법적 근거를 통해 국민들의 생년월일, 가족 관계, 주소 등을 수집하지. IT 기업도 인터넷을 통해 수집한 정보를 모두 가지고 있어. 우리가 구글에서 검색을 하거나 유튜브에서 동영상을 볼 때 대부분 돈을 내지 않고 이용해. 네이버, 카카오톡, 구글, 인스타그램 모두 무료 서비스야. 그럼 어떻게 회사를 운영

하고 직원들에게 월급을 줄까? 이런 기업들은 서비스를 무료로 이용하게 하는 대신 우리의 취향이나 관심사 같은 사적인 데이터를 얻어 내. 그러니까 기업은 소비자한테 편리함이라는 당근을 주고 데이터를 확보하는 거지.

IT 기업들은 이렇게 모은 데이터로 언제 어디서 누가 무엇에 관심을 가지고 있는지 전 세계 사람들의 관심 동향을 손바닥 위에 올려놓고 볼 수 있어. 이런 막대한 정보를 활용해 이용자의 취향에 맞게 광고를 넣거나 광고주들에게 데이터를 제공하지.

데이터 사이언티스트의 입장에서는 데이터를 쉽게 확보할 수 있는 이런 시스템에 만족할지도 몰라. 쉽게 더 많은 데이터를 얻을수록 데이터를 분석하는 데 유용하니까 말이야. 하지만 데이터 사이언티스트가 아닌 한 개인으로서 내 데이터를 바라본다면 어떨까?

사람들은 일상에서 실로 다양한 데이터를 만들어 내. 카드를 쓰면서 내 소비 흔적을 남기고, 병원에 가면 내 건강 기록을 남기고, 은행을 가면 입출금을 하면서 금융 기록을 남기지. 휴대폰 앱을 다운받아 검색을 하거나, 구매를 하거나, 사진을 찍거나, 글과 그림을 SNS에 올릴 때도 기록이 남아. 하루 동안 상당한 데이터를 만들어 내는데,

그 데이터는 모두 내 것이 아니야.

　병원에서 검사한 결과는 해당 병원과 건강 보험 공단의 컴퓨터에 들어가고, 그 두 기관이 저작권을 가져. 나는 인쇄된 종이만 가질 뿐이지. 내 건강과 관련된 데이터를 온전히 나만 소유할 수는 없을까? 그래서 요즘 '마이 데이터'라는 개념이 새로 관심을 받고 있는데, 데이터 소유권을 개인에게 주자는 거야. 휴대폰 통신사, 온라인 쇼핑몰, 병원, 은행 등이 나에 대한 데이터를 갖고 있는데, 그 데이터를 내가 요청해서 받아 내자는 것이 '마이 데이터 운동'이지.

　이렇게 받은 데이터는 내가 그 용도를 결정할 수 있어. 기업이나 기관에 연구용으로 기부할 수도 있고, 기업과 서비스 거래를 할 수도 있지. 예를 들어 나에 관한 의료 기록 데이터를 넘겨주고 그 회사가 개발한 헬스 모니터링 앱을 무료로 이용하는 거야.

　지금은 여러 기관이 나의 데이터에 대한 저작권을 갖고 있는 현실이지만 내가 생산한 데이터는 나도 확보할 수 있어야 하고 내 맘대로 자유롭게 쓸 수 있어야 해. 이러한 권리를 주장하는 마이 데이터 운동은 보다 널리 퍼져 나가야 하지.

　데이터 사이언티스트한테 데이터는 신대륙과 같아. 그 존재를 모를

때에는 좁은 땅에서 치열하게 경쟁하고 싸웠지만, 이제 바다 건너 신대륙의 존재를 알게 되었으니 그곳에 가서 새로 땅을 확보해야 해. 데이터 분석은 우리나라에서 생성되는 데이터뿐만 아니라 전 세계 데이터를 대상으로도 가능한 일이니까. 그러니까 우리도 데이터를 바라보는 넓은 시야를 키워야겠지?

서울대 교수와 함께하는
10대를 위한 교양 수업
③ 조성준 교수님이 들려주는 빅데이터 이야기

글 | 조성준, 이선영　그림 | 신병근(박보은, 이잎새)

1판 1쇄 인쇄 | 2023년 4월 27일
1판 1쇄 발행 | 2023년 5월 15일

펴낸이 | 김영곤
이사 | 은지영
논픽션팀장 | 류지상　**기획개발** | 권유정　**책임편집** | 김연희
아동마케팅영업본부장 | 변유경
아동마케팅1팀 | 김영남 황혜선 이규림 정성은　**아동마케팅2팀** | 임동렬 이해림 안정현 최윤아
아동영업팀 | 한충희 오은희 강경남 황성진 김규희
디자인 | 디자인이팝　**제작** | 이영민 권경민

펴낸곳 | ㈜북이십일 아울북
출판등록 | 2000년 5월 6일 제406-2003-061호
주소 | (10881) 경기도 파주시 회동길 201 (문발동)
전화 | 031-955-2417(기획개발) 031-955-2100(마케팅·영업·독자문의)
브랜드 사업 문의 | license21@book21.co.kr
팩스 | 031-955-2177　**홈페이지** | www.book21.com

ⓒ조성준, 2023

이 책을 무단 복사·복제·전재하는 것은 저작권법에 저촉됩니다.

ISBN | 978-89-509-4993-8 (74000)
ISBN | 978-89-509-9137-1 (세트)

* 잘못 만들어진 책은 구입하신 서점에서 교환해 드립니다.
* 가격은 책 뒤표지에 있습니다.

⚠ **주의** 1. 책 모서리가 날카로워 다칠 수 있으니 사람을 향해 던지거나 떨어뜨리지 마십시오.
　　　　2. 보관 시 직사광선이나 습기 찬 곳을 피해 주십시오.

- **제조자명** : ㈜북이십일
- **주소 및 전화번호** : 경기도 파주시 회동길 201(문발동)/031-955-2100
- **제조연월** : 2023.5.15.
- **제조국명** : 대한민국
- **사용연령** : 3세 이상 어린이 제품

- **일러두기**　맞춤법과 띄어쓰기는 《표준국어대사전》을 기준으로 삼았고, 외국의 인명, 지명 등은
　　　　　　국립국어원의 '외래어 표기법'을 따랐습니다.

- **사진 출처**　56쪽: 별이 빛나는 밤_ⓒWikipedia　68쪽: 초기 아이폰_ⓒWikipedia
　　　　　　107쪽: 얼굴을 인식하는 인공 지능_ⓒ게티이미지뱅크